따뜻한 TV
행복한 PD

따뜻한 TV
행복한 PD

강성철 피디의 '걸어서 … 골든벨'

강성철 지음

한스컨텐츠

'교양 피디', 언제부터인가 '쇼양 피디'로 불리며 지내온 40여 년의 세월.

똑같은 공산품을 찍어내는 것이 아니라 명색이 창작(?)을 한다는 사람으로 평생을 살아온 피디일진데, 그동안 해왔던 작업이나 프로그램들이 어찌 자랑스럽지 않겠는가.

선후배 동료들과 더불어 수없이 많은 시간을 고민하며 만들었던 프로그램들은 다행히 성공했든, 아니면 성공하지 못해서 소리 소문 없이 사라졌든 모두 다 소중한 추억들이다.

그냥 사라져버릴 수 있는 것들이지만, 그 프로그램들의 최초 기획자라는 이름을 빌어 탄생 비화나 뒷이야기들을 기록해 보기로 했다. 무릇 프로그램이라는 것은 그 시대의 문화와 사회를 반영하는 잣대이기도 할 터이니, 기록의 차원 혹은 자료적 가치로도 의미 있을 것이라는 궁색한 핑계를 대며 이 책의 존재 이유로 삼기로 했다.

거창하게 남들에게 보여주기 위해 기록한다는 생각을 버리고, 그동안 나와 우리 동료들이 함께 해왔던 일을 정리한다고 마음먹으니 책을 쓴다는 부담감을 잊고 한결 편해졌다.

여기 남기는 글들은 주로 프로그램을 처음 기획하고 제작할 당시의 이야기들, 즉 프로그램의 탄생기들이다. 30여 편의 글 대부분이 처음 프로그램을 기획할 때 가졌던 가슴 떨림이나 긴장감, 걱정, 우려가 가득 담겨 있는 기록들이다.

내가 그동안 기획했던 프로그램들은 혼자서 한 것이 아니라 대부분 많은 사람들과 함께하는 공동 작업을 통해 만들어졌다. 나는 최초 아이디어를 냈을 뿐, 잘 키우고 만들어낸 것은 바로 실제 제작을 담당했던 뛰어난 공격수들이 있었기에 가능한 일이었다. 어찌 보면 이 기록은 바로 그분들 덕분에 남길 수 있는 것이기에 그분들께 가장 큰 고마움을 느낀다.

야구 선수의 성적을 말할 때 흔히 타율을 이야기하곤 한다. 야구에서 타율이 중요하듯 피디에게도 프로그램의 성공률이 중요하다. 물론 시청률만이 전부는 아니고, 프로그램에 담으려고 했던 가치나 내용의 질도 분명 상관이 있을 것이다. 그렇다면 내 스스로 괜찮았다고 평가할 만한 프로그램은 얼마나 될까? 3할대 타자도 7번은 아웃인데, 내 성적표는 과연 어땠을까?

젊은 시절 내 책상에는 '타율이 높은 피디가 되자'라는 말이 쓰여 있었다. 나이가 든 뒤에는 '많은 프로그램을 하는 것이 중요한 것이 아니라, 좋은 프로그램을 하는 것이 더 중요하다'라는 말로 바뀌었다. 어쩌면 자랑스럽지 못한 스스로의 성적표에 대한 변명이었는지도 모르겠다.

지루함을 못 견디고 새로운 것을 좋아하는 성격 탓인지 그동안 주로 신설 프로그램들을 많이 제작해왔다. KBS 재직 시에만 24개 프로그램, 외주 제작사로 옮기고 난 후에는 30여 개 프로그램이다. 그동안 많이도 만들었구나 하는 생각에 앞서 피디라는 이름 덕분에 그런 기회를 누릴 수 있었음에 감사한다.

지나고 보니, 내가 주로 만들었던 것들은 스스로 찌라시 프로그램이라고 비하했던, 좋게 포장해서 말하자면 종합구성 프로그램이라는 이름으로 불리던 것들이다. 때로는 시간 땜빵용이었고, 때로는 편성표의 퍼센티지를 맞추기 위해 만들어야 했던, 돈 벌어오는 것도 아니고 생색나는 것도 아닌 프로그램들…. 게다가 지금은 안타깝게도 몰락하거나 쇠퇴 일로를 걷고 있다.

한때는 인기를 얻은 프로그램들도 있었지만, 지금 돌아보면 시류에 잘 맞지도 않았고 오히려 시대에 뒤떨어지는 감도 있었다. 하긴 프로그램만큼 유행에 민감한 것이 또 있겠는가.

어쨌든 변명 삼아 다시 한번 굳이 남기는 이 글들의 의미를 찾자면, 당대의 기록이라는 것을 넘어서는 또 다른 의미가 당연히 담겨 있을 거라 믿고 싶다.

프로그램 출연이 특정인만의 전유물이었던 시절도 있었다. 그때는 채널 수도 적었고 무엇보다 지상파 TV의 힘이 강할 때였다. 지금은 다매체 다채널 시대로 바뀌면서 플랫폼보다는 콘텐츠가 왕 대접을 받고, 뛰어난 제작자가 스타가 되기도 하는 때이다. 무엇보다 인기만 좋다면 지식재산권으로 지속적인 수입을 보장받기도 하는 시대가 되었다.

요즘 같은 시대에 전혀 이야기꺼리조차 안 될 지난 시대의 유물처럼 보이기도 하지만, 그 시대에는 이런 방송도 했었다는 역사적인 자료로서의 가치라도 인정받을 수 있었으면 하는 바람에서 마지막 용기를 내봤다.

세상살이에 쉬운 일은 없겠지만, 방송 그리고 피디의 일만큼 어려운 일도 없는 것 같다. 더구나 방송 피디의 막강한 영향력을 생각해 볼 때, 특히 요즘처럼 자극적인 콘텐츠들이 난무하는 시대에는 담아야 될 내용물의 가치에 대해 심각하게 고민해 볼 필요가 있다. 오늘도 누군가는 어딘가에서 피디라는 이름으로 제작하거나 방송을 하고 있을 것이다. 내 자신에게 그리고 그들에게 다시 한번 질문을 던져본다.

"피디는 아무나 할 수 있을까?"

Contents

제4부 프로그램의 탄생
망하기 위해 하는 프로그램은 없다

제5부 방송은 추억을 남기고…
거기에 사람이 있었네

제1부

롱런하는 프로그램은 이유가 있다

거꾸로 가는 퀴즈
〈도전! 골든벨〉

다음은 2001년 8월 19일, 한 신문 기사의 내용입니다.

'조선시대 (　　) 시험을 보던 방식으로 진행되는 독특한 형식의 청소년 퀴즈 프로그램 〈도전! 골든벨〉이 31일 100회를 맞는다.'

당시 신문 기사에서는 〈도전! 골든벨〉이 '이것'을 재현했다고 했는데요. 조선시대 관리들을 뽑을 때 치르던 시험인 '이것'은 무엇일까요?

2018년 6월 어느 일요일, 나는 KBS 별관 C스튜디오에 앉아 있었다. 〈도전! 골든벨〉의 900회 특집 녹화에 이 프로그램의 최초 기획자라는 이유로 초대받아 출연하게 된 것이다.

제작을 오래 하다 보면 000회 특집 같은 의미 있는 녹화를 하게 되는 경우가 생긴다. 〈도전! 골든벨〉 같은 주간 프로그램이 900회 특집을 맞았다면 거의 18년 가까운 세월 동안 방영한 것이니 실로 대단한 일이라 할 수 있다. 요즘처럼 프로그램 트렌드가 자주 바뀌는 시대에, 더군다나 주시청자가 변화에 가장 민감하다는 청소년이라는 점에서 더더욱 놀라운 일이다. (참고; 〈도전! 골든벨〉은 코로나 사태로 인해 2020년 1002회를 끝으로 종영했다.)

어쨌든 지금부터 〈도전! 골든벨〉을 제작하면서 가장 자주 들었던 골든벨의 탄생 배경에 대한 질문에 대해 답해볼까 한다.

골든벨은 이렇게 탄생했다

프로그램을 제작하다 보면 참신한 아이디어가 잘 안 떠오를 때가 자주 있다. 이것저것 고민해봐도 잘 안 될 때, 그럴 때 내가 즐겨 쓰던 방법 중 하나가 바로 '역발상' 수법이다. 문자 그대로 거꾸로 뒤집어서 생각해보는 것이다. 돌이켜보니 골든벨은 그런 생각들이 합해져 만들어진 것이 아니었나 싶다. 예컨대 '100명이 함께하는 퀴즈' 같은 것 말이다.

청소년의 진실하고 솔직한 모습을 제대로 보여주겠다는 의도로 만들었던 〈접속! 신세대〉는 기대와 달리 별반 좋은 반응을 얻지 못하고 있었다. 시청률이 잘 나오지 않았다는 말이다. 고민 끝에 프로그램 안에 퀴즈 코너를 새로 넣어보기로 했다. 사실 퀴즈라는 형식 자체는 충분히 독립적인 장르라서 프로그램의 단순한 코너로 넣겠다는 발상은 좀 어이없는 것이기는 했다.

어떻든 그렇게 결정하고 나서 기획 작업을 시작했다. 항상 그렇듯이 기획의 시발점은 동종 혹은 유사 프로그램의 단점이나 취약한 부분을 찾아내 그것을 해결한 프로그램을 만드는 것이다.

내 기억 속에 남아 있는 대표적인 청소년 퀴즈 프로그램은 단연 〈장학퀴즈〉였다. 가족들과 함께 평화롭게 식사하는 밥상머리에서 수많은 부모들로 하여금, "너는 그런 것도 모르냐?" 혹은 "저런 애들을 자식으로 둔 사람은 좋겠다."라는 말을 수시로 하게 해 많은 자식들을 '헛밥 먹는 식충이'로 만들었을 만큼 기를 죽이고 급기야 지청구까지 듣게 했던 바로 그 프로그램 말이다. 당시 내 생각에는 전혀 쓸모없어 보였고, 또 알아봤자 인생에 아무런 도움도 안 될 것 같은, 그런 쓸데없이 어렵기만 한 문제들을 푸는 프로그램이었다.

"그래! 장학퀴즈와 정반대로 누구라도 쉽게 풀 수 있는 퀴즈 프로그램을 만드는 거야! 아무라도 한두 문제 정도는 아는 척할 수 있는 퀴즈! 똑똑한 애들 서너 명이 나와서 몰라도 사는 데 아무런 지장 없을 것 같은 문제들을 풀면서 죽자 살자 겨루는 프로그램이 아닌 그냥 웃고 떠들면서 모두가 함께 즐길 수 있는 퀴즈를 만들어 보자!"

그것이 골든벨 최초 기획자로서의 단순하고 소박한 심정이었다.

당시 〈접속! 신세대〉에는 20분 내외의 3개 코너가 방영되고 있었는데, 일단 그중 하나를 파일럿 형식의 퀴즈 코너로 제작해보기로 했다. 골든벨은 인기를 점차 얻으면서 시간이 점점 늘어 2개 코너 중 하나가 되었다가, 결국 별도의 프로그램으로 독립하게 된다.

퀴즈 코너를 기획하면서 가장 먼저 떠올린 것은 몇 명쯤 참여

초기에는 별도의 세트도 없이 학생들이 교실에서 쓰던 의자를 사용했다.

하는 코너로 만드는 것이 좋을까였다. 이 코너는 참가 인원이 가
장 중요하다고 생각했다. 그렇게 한번 뚫린 생각은 거침이 없었
다. 이왕 하는 것 많이 참여시키지, 뭐. 그래? 그러면 몇 명이 좋
을까? 한 100명쯤 참여시킬까? 그래서 100명이 한곳에 모여 같은
문제를 동시에 푸는 포맷으로 결정했다.

　처음에는 세트도 준비하지 않아서 녹화 장소에 본인들이 앉던
개인 의자를 들고 오도록 했다. 답을 써내는 답안지도 따로 생각
해 둔 게 없어서 우선 학생 수만큼의 스케치북과 매직펜을 준비했
다. 생각해보면 참으로 촌스럽고 가난한 모습으로 출발했다.

　어쨌든 첫 번째 녹화를 간 곳은 당시 신흥 명문으로 떠오르던
분당의 서현고등학교였다. 불안한 마음으로 녹화 결과를 기다리
고 있는데, 제작팀이 생각보다 일찍 마치고 돌아온 것이 아닌가.

애기를 들어보니 녹화 시작 불과 두어 시간 만에 17번 문제에서 전원이 탈락하는 바람에 빨리 끝났다고 했다. 마지막 문제는 '광화문에 있는 충무공 동상 옆에는 거북선이 있을까요 없을까요를 묻는 문제'였다는데, 남은 학생들 전원이 '없다'라는 오답을 작성해서 모두 탈락한 것이었다. 그 결과는 나로 하여금 이 프로그램에 담아야 할 바람직한 그릇에 대해 본격적인 고민을 하게 만들었다.

궁하면 떠오른다

이런저런 시행착오를 거치면서 차츰 프로그램은 자리를 잡아갔다. 프로그램의 틀을 자유롭게 떠올리다가 갑자기 떠오른 것이 과거제도였다. 옛 선조들이 관로에 진출하기 위해 꼭 치러야 했던 그 과거제도 말이다! 과거제도를 떠올린 것은 지금 생각해도 기발한 아이디어였다. 100명이 한 자리에서 소란스럽게 퀴즈를 푼다고 떠드는 사람들에게 그럴듯한 입막음을 할 수 있는 역사에 근거한 구실이 될 수 있다는 생각이 들었다. 그때부터는 기획의 모든 과정을 과거제도에 맞춰서 생각하기 시작했다. 100명 정도 되는 학생들을 예전처럼 맨바닥에 앉아서 문제를 풀도록 하자. 그렇다면 아예 특색 있게 갓과 도포를 입히면 어떨까? 가도 한참 많이 간 것 같아서 결국 갓과 도포는 생각에만 그치기로 했다. 그래도 참가자들에게 전체적으로 뭔가 통일감을 줄 수 있는 것이 필요했다. 마침 겨울이라서 귀여운 방울이 달린 모자를 쓰게 했는데, 지금

와서 하는 이야기지만 당시에는 그것마저도 사용한 뒤에 반납하도록 했고, 얼마 후 지금까지 사용하고 있는 모자로 바뀌었다. 그리고 개개인을 식별하기 위해 모자 앞에 동그란 아크릴 번호표를 달았다.

그 무엇보다 시급하고 중요하게 바꿔야 했던 것은 바로 스케치북 답안지였다. 아이디어를 떠올리던 어느 날 월간 스케줄을 기록해 놓은 사무실의 대형 화이트보드가 눈에 들어왔다. 필요는 발견(?)의 어머니라고 했던가. 무심코 지나치면 아무것도 보이지 않지만, 항상 무언가를 찾는 자세로 눈을 부라리고 다니는 사람에게는 뭐라도 보이는 법이다. 대형 보드가 있다면 당연히 소형 보드도 있을 터, 그렇게 해서 가장 난제였던 답안지 문제를 해결할 수 있었다. 이 소형 화이트보드야말로 두고두고 골든벨을 상징하는 가장 대표적인 소품이 되었다.

골든벨을 대표하는 또 하나의 장치는 편집 방식이었다. 중요하지 않은 문제나 지루한 장면들을 생략할 때 압축 결과를 주유소 미터기 형태의 CG를 도입한 방식이다. 이것 또한 그때그때 적절히 사용하면서 나름 긴장감을 제공하는 골든벨의 상징적인 장치가 되었다.

구성에서 준비한 특별한 장치는 패자부활전이었다. 이론적으로는 서바이벌 경쟁에서 패하면 당연히 탈락이고, 한 번 탈락하면 다시는 같은 경쟁 무대에서 똑같은 경기를 치를 수 없는 것이 상식이다. 그런데 여기에 다시 살려놓는 장치를 둔 것이다. 당시 내 생각으로는 골든벨은 학생들의 축제이자 친구들과의 놀이였다. 죽기 살기로 싸워야 할 원수들도 아니고 짓밟고 지나가야 할 대상들도 아닌, 함께 가야 할 친구들이기 때문에 패자부활전을 만든 것이었다. 처음부터 문제를 계속 잘 푼 도전자는 억울할 수도 있지만, 일종의 축제처럼 즐기는 프로그램이니 너무 **빡빡**하지 않도록 하자는 속셈도 있었다. 패자부활전에서 패자들을 구원해주는 역할은 선생님들에게 맡겼다. 그래서 코너의 이름도 '선생님, 도와주세요.'가 되었다.

어쨌든 이런 모든 것이 모여서 최종적으로 같은 학교 학생 100명이 50개의 문제에 도전하는 서바이벌 퀴즈 프로그램이 탄생되었다. 매 문제마다 오답자는 현장에서 즉시 탈락하고 장외로 나갔고, 전교생이 방청객으로 참여했다. 퀴즈뿐만 아니라 청소년들의 숨겨진 끼와 재주를 뽐낼 수 있는 장기자랑과 뛰어난 순발력과 재치 가득한 인터뷰 코너도 담았다. 엉뚱한 오답이 나온 장면은 재미있게 편집했고, 패자부활전에서 교사들과 친구처럼 어울리는 모습도 담았다. 맨바닥에 정좌로 앉은 자세, 모자와 번호표, 보드판 답안지, 황금 종 등이 주요 장치였고, 편집 시 출제된 퀴즈를 생략하고 압축해 주유소 미터기 형태의 건너뛰기 방식의 편집을 활용했다.

〈접속! 신세대〉의 18분 정도 코너물로 시작한 골든벨은 이런 과정을 거쳐 30분으로 확대되어 34회가 방송되었고, 이후 1999년 8월 30일부터 〈도전! 골든벨〉이라는 이름의 단독 프로그램으로 새롭게 출발할 수 있었다. '골든벨'이라는 이름은 '금으로 만든 종'이라는 뜻에서 지어진 이름이다. 통상적으로 '좋은 일이

〈도전! 골든벨〉 초창기 진행자였던 김홍성, 손미나 아나운서

있으니 오늘 내가 한 턱 내겠다'라는 속어로 쓰이기도 한다. 나중에 알고 보니 '개나리'라는 꽃 이름이기도 했다.

놀라운 결과와 의외의 반응

그렇게 시작된 방송의 반응은 의외로 좋았다. 방송 당시 우리 사무실 위층에는 예능 작가 사무실이 있었는데, 그곳에 있던 모든 작가들이 우리 프로그램을 시청하고 있을 정도로 반응이 폭발적이었다. 예능 작가들에게 그런 반응을 얻는다는 것은 대단한 청신호였고, 동시에 프로그램의 성공 가능성을 미리 점쳐 볼 수 있는 것이기도 했다.

그렇지만 다른 무엇보다 이 프로그램의 성공에 자신을 갖게 된 것은 바로 출연하는 학생들의 발랄한 자기표현을 본 덕분이었다. 언제부터인가 작은 화이트보드는 학생들의 다양한 생각을 써 놓는 광고판이 되었다. 함께 출연하지 못하는 친구들의 이름이나 사랑하는 부모님의 이름, 혹은 마음에 두고 있던 여학생에 대한 사랑 고백까지 적어놓았다.

출연하는 학생들은 언제부터인가 동료들의 이름표를 모자에 부착하고 나타나기 시작했다. 함께 출연하지는 못하지만 자신의 이름만이라도 내보이고 싶은 마음의 표현이었다. 그런 것들 중에 내 마음을 가장 크게 움직였던 것은 바로 최후의 일인으로 남아서 마지막 문제를 풀 때 오답을 적는 바람에 골든벨을 울리는 데 실패했을 때 동료 학생들이 큰소리로 함께 "괜찮아, 괜찮아"를 연호해주던 순간이었다. 최후의 일인 자리에 앉은 도전자는 문자 그대로 온몸이 사시나무 떨리듯 떨리는데, 도전에 실패했을 때 친구들이 격려의 한마디를 크게 외쳐주는 것이 얼마나 큰 힘이 되었을까. 전교생이 숨죽인 채로 한 몸처럼 응원하고, 또 한 식구가 되어 이뤄낸 일체감을 맛본 순간이었다. 그리고 이것이야말로 내가 이 프로그램을 만든 가장 큰 보람이기도 했다.

한편으로 엉뚱한 곳에서 반발이 생기기도 했다. 출연 학생들의 상의 이곳저곳에 붙어있는 명찰들이 학생답지 않다고 심의실에서 수정 주문을 하는 식으로, 어른의 눈으로 보기에 불편한 것들을 지속적으로 지적당했다. 물론 그런 지적들이 생기더라도 우리는 전혀 상관하지 않았다. 방영 초창기에는 외부에서도 골든벨에 대한 항의 글이 올라오기도 했다. 참가 학생을 성적순으로만 선발하는 것 아니냐는 불만이었다. 하지만 우리는 절대 그렇게 하지 않았다. 골든벨 제작 취지 중 하나가 공부를 못하는 학생들도 참가하는 프로그램을 만들자는 것이었기 때문이다. 만약 공부 잘하는 학생들을 선발하기 위한 프로그램이었다면, 〈장학퀴즈〉와 유사한 프로그램이 되었을 것이다. 두말할 것 없이 골든벨은 성적과 상관없이 고등학생으로서의 다양한 활동과 폭 넓은 독서로 미래를 준비하는 청소년들의 모습을 보여주려는 것이 기본 목적이었다.

시청률을 의식한다거나 조작한다는 말을 듣기도 했지만, 우리 제작진들이 가장 두려워했던 것은 시청률 하락이 아니라, 이 프로그램의 주인공인 청소년들이 이 프로그램에 대해 실망감을 느끼는 것이었다. 만약 시청률을 조작해야 할 정도가 된다면 차라리 프로그램을 자진해서 종영하겠다는 것이 우리의 생각이었고, 그런 생각과 의지가 가장 순수해야 할 청소년 대상 프로그램 제작자의 올바른 태도라고 믿었기 때문이다.

초창기에 세운 원칙들

개인 의자를 가져와서 문제를 풀던 것을 맨바닥에 앉아 푸는 것으로 바꾸면서 베니어판 방석에 일련번호를 적어서 사용했는데, 이것도 나중에는 고급스러운 우레탄 매트로 바꿨다.

〈도전! 골든벨〉은 엠시(MC)와 도전자가 '문제가 남느냐 내가 남느냐, 도전! 골든벨'이라는 멘트를 함께 외치며 시작한다. 처음 프로그램을 시작할 때는 '부정한 정답보다 양심적인 오답이 진정한 명예다.'라는 대표 학생의 선서도 있었지만, 얼마 지난 후부터 사용하지 않게 되었다. 사실 100명이 가까이 붙어 앉아서 문제를 푸는데 조금 보고 쓰면 어떠랴 하는 생각도 있었고, 점점 탈락자 수가 늘어날수록 실제로 컨닝이 불가능할 거라는 판단 때문이기도 했다.

골든벨의 기본적인 틀을 만들면서 평소에 청소년 프로그램에 담고 싶었던 몇 가지 원칙을 반영하고 싶었다. 어찌 생각하면 그것은 중도에 포기해버린 교직에 대한 아쉬움 때문이었는지도 모르겠다.

첫 번째 원칙, 골든벨의 진행은 현직 아나운서가 맡는다. 누군가 출연료를 지급하지 않아도 되니까라고 얘기하기도 했지만, 그것보다는 학생들에게 보다 정확한 우리말을 사용하는 본보기를 보여줄 수 있어서 아나운서를 기용하고 싶었다. 그래서 김홍성 아나운서와 손미나 아나운서가 진행을 맡았고, 이 두 아나운서는 곧 청소년들의 우상이 되었다.

두 번째 원칙, 1번 문제는 무조건 우리말 속담에 관한 문제를 출제한다. 국어교사 출신으로서 우리말에 대한 소중함을 일깨워 주고 싶었다. 아울러 필수적으로 알아야 할 한자어에 대한 문제도 반드시 출제하도록 했다. 이 역시 국어교사 출신의 생각이 반영된 것일 수도 있다.

세 번째 원칙, 패자부활전에는 꼭 교사와 학생들이 함께한다. 그 이유는 스승과 제자 사이의 심리적 거리를 줄여서 서로 간의 친밀도를 높여주기 위함이었다.

네 번째 원칙, 4회에 1회 정도는 실업계, 공고 등 비인문계 학교를 방문한다. 모든 학생들에게 공평한 기회가 주어져야 된다는 바람 때문이었다.

사회자인 김홍성 아나운서에게는 또 다른 엄명을 내렸다. 녹화 중에는 절대 자리에 앉지 마라는 것이었다. 엠시가 자리에 앉아 있거나 피곤한 모습을 보이면 출연자들도 똑같이 그런 모습을 보이게 되기 때문이었다.

그리고 최후의 일인이 되어서, 마지막 문제를 풀게 될 때는 교장 선생님이 직접 문제 출제를 하는 차별성을 두었다.

방송 시작 후 얼마 지나지 않아 유명 학생복 업체에서 협찬 연락이 왔다. 아무래도 당시 M본부 청소년 프로그램에 협찬했던 것을 떠올리고, 먼저 계약을 해두려는 것이었던 모양이다. 그러나 잠시 고민한 뒤에 거절했다. 당시 회당 제작비는 불과 1,500만 원에 불과했지만, 협찬을 받는다면 왠지 상술에 휘말릴 수도 있을 것 같다는 생각이 들었기 때문이다. 좀 촌스럽기는 하지만 처음에는 백과사전을 참가자 경품으로 제공했다.

마지막으로 골든벨을 얘기할 때 배경 음악 이야기를 하지 않을 수 없다. 프로그램 정착에 큰 역할을 해준 것 중 하나가 바로 음악이기 때문이다. 최후까지 남은 도전자들이 탈락하고 마지막 혼자 남았을 때 울려 퍼지는 안드레아 보첼리의 〈타임 투 세이 굿

바이〉라는 노래는 골든벨의 상징이 되었다. 어디에서든 이 음악이 들려오면 혹시 누군가 골든벨에 도전하고 있지 않은가 확인해 봐도 좋을 일이다.

특별한 출연자와 더 특별한 에피소드

골든벨을 기억해보면 여러 생각이 떠오르지만 그중 CD 소녀를 빼놓을 수 없다. 지금은 유명인이 되었지만 첫 출연 당시만 해도 무명의 소녀였던 김수영은 실업계 학교인 여수정보과학고 학생으로 골든벨을 거머쥐었다. 이마에 CD를 붙이고 출연했던 수영이는 본인 스스로 문제아였다는 것을 당차게 얘기했고, 예상과 달리 골든벨을 울렸다. 수영이는 불우했던 가정 형편 때문에 실업계 학교를 선택했고, 좌절감 때문에 많이 방황하고 있었다. 그러나 뛰어난 실력과 유창한 언변으로 일약 스타가 되었다. 그해에 연세대학교에 진학한 수영이는 졸업 후에는 외국계 상사에 취업해 골든벨이 배출한 최고의 스타가 되었다.

연말이 되어 처음 왕중왕전을 하던 날, 마지막으로 남은 두 사람은 경북고의 권보원과 이천고의 이창순이었다. 그런데 준비한 문제 50개가 다 끝났는데도 승부가 갈리지 않았다. 예비로 준비한 70번 문제 정도가 되었을 때에야 겨우 승부가 났다. 정말 대단한 승부였다. 훗날 보원이는 판사, 창순이는 의사가 되었다.

골든벨의 특징 중 하나는 출연자들이 내놓는 기발한 오답들이다. 자유분방한 학생이라서 나올 수 있었던 기상천외한 오답 몇 개를 소개해본다. 정답은 '애드립'인데 '배드립'으로 쓴 학생이 있었다. 그 학생은 "44년 전통의 학교 명예에 먹칠을 해서 죄송합니다."라고 덧붙였다. 정답이 '숭례문'인데 '남쪽 문'이라고 쓴 학생은 "유치원 교육을 잘못 받은 것 같습니다."라고 썼다. '앙팡 테리블'인데 '팡 테리블'이라고 쓴 학생은 "앞에 앉은 애가 컨닝해서 나도 베꼈는데 잘못 베꼈나 봐요."라고 했다. 정답이 '인터폴'인데 'IPC'라고 적은 학생은, 이런 기관은 사실 없는데 자신이 조합해서 만들었다면서 '인터내셔널 폴리스 코미트'의 약자라고 계속 주장하더니만 화이트보드에 영어단어 공부하듯 깨알 같은 글씨로 계속 복습을 했다. 그런 노력에도 결국 패자부활전에서 탈락하고 말았다. 그 학생은 "미나 누나 예쁨"이라고 쓴 보드를 계속 흔들어서 마음 약한 손미나 아나운서가 문제를 하나 더 내서 맞추면 부활시켜주기로 약속했다. 그런데 문제를 맞출 수 없었다. 손미나 아나운서의 생년월일을 물었기 때문이다.

제물포 고등학교에서는 컨닝하는 학생을 전혀 찾아볼 수 없었다. 44년째 무감독 시험을 철칙으로 하고 있어서 이미 전교생의 몸에 배어 있기 때문이었다. 답 대신에 "도저히 못 참겠어요."라고 쓴 학생은 알고 보니 화장실 용무가 급했다. 휘경여고 편에서 39번 문제에 혼자 남게 된 학생은 긴장감이 역력한 표정이더니 결국 울음을 터트리고 말았다. 학교의 명예를 지켜야 한다는 부담감 때문에 벌어진 일이었다. 성적이 좋은 학생이라고 해서 꼭 우승하는 것은 아니다. 실제로 학교에서 우등생으로 알려진 학생들은 대부분 초반에서 탈락하는 일이 많았다.

골든벨은 특집도 자주 제작했다. 여름방학 중에 해양소년단 학생들과 함께했을 때가 기억이 난다. 충무에서 제작했는데 참가 자들의 특색을 살려 뗏목(?)을 만들어 그 위에서 녹화를 했었다. 장난스럽게 상어 탈을 쓴 도우미들이 주변에 떠다니며 위협을 가했고, 탈락한 학생들은 바로 바다 위로 추락하게 했다. 꼭 한번 해보고 싶었던 특집은 남북한 학생들이 함께 어울려 문제를 푸는 통일 특집이었다. 아쉬운 대로 금강산 특집으로 제작한 선상 골든 벨과 연변 학생들이 참여한 연변 골든벨이 있었다. 당시 연변 골든벨을 제작하기까지 예기치 못한 어려움을 겪었다. 우선 장비 수급이 문제였다. 그런 프로그램을 제작해본 적이 없었던 연변TV는 조명 장비와 오디오 장비들을 어렵게 수배해서 겨우 준비할 수 있었다. 함께했던 연변 제2고등학교 학생들은 출제 문제의 수준이나 종류가 우리와는 사뭇 달라서 어려움을 겪었다. 또한 공산당의 통제를 받아야 하는지라 문제의 내용까지 일일이 담당자의 사전 허락을 받아야 했다. 이런 우여곡절 끝에 녹화를 간신히 마칠 수 있었다. 연변 특집에서 가장 기억에 남는 것은 최후의 일인이 전한 말이었다. 당시 그 친구의 어머니는 한국에 들어와 일하고 있었다. 그래서 그 학생은 어머니에 대한 그리움을 절절히 이야기하다가, 도전 직전에 〈홀로아리랑〉을 불렀다. 그때 들은 노래에 대한 감동은 아직까지도 오래도록 내 마음에 남아 있다. 연변 특집 녹화가 끝나고, 당시 참가한 대호라는 학생의 어머니께서 보내온 편지도 기억이 난다.

〈도전! 골든벨〉은 전교생이 참여하는 최고의 이벤트이자 축제이기도 했다.

"지금까지 아들을 키우면서 오늘처럼 흥분하고 기뻐하는 모습을 보는 건 처음입니다. 전국 훌륭한 어린이에 뽑혔을 때도 집에 와서 아무 말 하지 않았던 아들이 이번에 〈도전! 골든벨〉에 참여하고 나서는 행복해하면서 너무 느낀 게 많다고 자랑하였습니다. 어머니로서 다시 한번 감사를 드립니다. 오늘 아들이 한 말 중에 가장 가슴에 와 닿는 말이 있습니다. '어머니! 이전에는 아리랑을 그냥 불렀었는데, 오늘 행사를 끝내면서 모두 어깨동무를 하고 아리랑을 부르니 눈물이 나는 것을 겨우 참았습니다. 그 순간 많은 생각이 들었습니다. 언젠가 한국, 북한 우리 연변 학생들이 함께 모여 이렇게 불렀으면 좋겠다는 생각을 했습니다. 이 순간이 영원했으면 좋겠다는 생각도 했고, 우리에게 이런 마음의 불씨를 지펴주려고 KBS에서 왔구나, 그런 생각도 들었습니다.' 이번 프로를 통해 자라나는 연변의 우리 후대들이 한민족의 정을 배워서 앞으로 한민족의 통일과 화합의 길에서 좋은 결과를 얻게 될 거라 믿습니다."

골든벨이 맺어준 인연

'골맺사'는 '골든벨이 맺어준 사람들'을 말한다. 첫해 연말에 전국에서 모인 학생들의 왕중왕전 특집이 있었는데, 녹화 후 지방 출연 학생들이 한 학생의 집에서 하룻밤을 보내게 되었다. 그때 모였던 학생들이 한 친구의 주도로 골맺사라는 모임을 만들었다고 한다. 그 친구는 처음에 학교에서 골든벨 출연자 100명을 선발할 때, 성적도 좋지 않고 특별한 장기도 없어서 탈락했었다. 그런데도 굴하지 않고 담임교사를 찾아가 '골든벨을 울릴 자신이 있으니 꼭 참여하게 해달라' 하고 부탁해서 담임 추천권을 받을 수 있었다. 그런데 학년주임 선생님이 '이 애는 왜 끼었어?' 하며 다시 탈락시키자, 학생 주임 선생님을 찾아가 똑같은 내용으로 통사정한 끝에 마침내 참여할 수 있었다. 그런데 정말 그가 한 말대로 그날 최후의 일인이 되었던 것이다. 마지막 문제가 나오는 순간 전교생이 고요하게 숨을 죽였고, 선생님들도 손에 땀을 쥐었을 정도였다. 출제된 문제는 '의회에서 가부 동수일 때 의장이 선택권을 갖는 제도를 무엇이라고 하는가?'였다. 망설이던 그 친구는 보드판에 '캐스트 보팅'이라고 적었다. 정확한 정답은 '캐스팅 보트'이니 오답으로 처리해야 했다. 우연찮게도 그날, 마침 현장에 있었던 나는 아무래도 미심쩍은 생각이 들었다. 혹시 '캐스트 보팅'이라는 말도 있지 않을까? 라는 의구심이 들어서 김홍성 아나운서에게 일단 정답 발표를 늦추게 하고, 담당 피디와 작가를 급히 불렀다. 아울러 본사에 있는 다른 피디와 작가들에게도 이 상황을 전해서 가장 빨리 확인할 수 있도록 지시했다. 정답 발표가 늦어지자 영문을 모르는 학생들과 선생님들이 웅성댔다. 그 사이에도 국회도서관 자료실, 인터넷 검색 등 모든 방법을 동원해 확인하는 작업이 진행되고 있었다. 때마침 당시 담당 피디의 대학 시절 은사였던 연세대학교 정치학과 교수 한 분과 통화가 되었다. 그 교수의 말씀인즉슨 미국에서는 때로 '캐스트 보팅'이라는 말도 사용하니 틀렸다고 보기는 어렵다는 것이었다. 일단 골든벨 문제를 맞춘 것으로 하고 녹화가 재개되었다. 녹화가 끝난 뒤 엠시가 전후사정을 전교생에게 설명해주었다.

물론 방송이 나갈 때에도 이러한 내용을 자막으로 고지했다. 나중에 이 일을 떠올릴 때마다 드는 생각은, 만약 그때 그냥 준비했던 대로 오답 처리를 했다면 아마 더 큰 잘못을 저지를 수 있었을 거라는 것이었다.

그때 골든벨을 울렸던 친구가 바로 골맹사를 만든 '김보석'이다. 성적은 그리 좋지 않아도, 책과 신문을 많이 읽었던 그 친구는 장래 꿈이 피디가 아닌 방송작가라고 했다. 그 친구 덕분에 탄생한 골맹사는 이후에도 지속적인 모임을 갖고 있다.

골든벨이 성공한 이유

누군가 이 프로그램의 성공 원인을 이렇게 분석한 적이 있다. 골든벨은 거꾸로 가는 퀴즈다. 상금보다 명예, 경쟁보다 단합이 우선이며 문제를 맞춘 사람보다 떨어지는 사람이 주인공인 프로그램이라고. 근엄한 선생님이 망가지고 경쟁이라기보다는 놀이처럼 즐기는 퀴즈, 경연보다는 일종의 축제 같은 프로그램이라고 할 수 있다. 바닥에 일렬로 편히 앉아 있는 모습과 거꾸로 쓴 모자, 주렁주렁 매달린 명찰은 제도권 교육과 반대되는 듯한 모양새이다.

내 생각도 똑같다. 만약 어른들이 희망하는 반듯한 모습의 골든벨이었다면 결코 성공하지 못했을 것이다. 청소년을 청소년답게 보여주고, 응원했다는 것이 나름의 성공 비결이 아닐까.

어쨌든 골든벨의 파급 효과는 적지 않았다. 〈동전! 골든벨〉, 〈도전, 실버벨〉 등 다양한 패러디 프로그램이 나왔고, 이후 〈스타! 골든벨〉의 모체가 되기도 했다. 중국에서 무단으로 복제한 프로그램도 생겼고, 베트남에 방송 최초의 포맷 수출이라는 역사를 쓰면서 〈룽 추옹 방(Rung chuong vang: 2007–2011)〉이라는 대학생 대상 프로그램으로 방송되기도 했다.

골든벨은 우수 프로그램으로 선정되어 여러 곳에서 많은 상을 받았다. 방송대상, 독일의 후트라상, 백상예술대상 등이 그것이다. 또한 각급 학교에서 보드판을 수업 방식이나 게임 형식에 원용하기도 했고, 교육 현장의 교수법 모델로써 학생들의 학습의욕을 고취시키기 위해 교사가 프로그램 모델을 개발해 수업시간에 활용하고 있기도 하다.

최초 기획자로서 느낀 골든벨의 가장 큰 효과이자 보람이라면, 골든벨 출연자 모두를 하나로 만들어 주는 동질감이나 일체감이 아닐까 싶다. 거기에는 너나가 없고 오로지 우리만 있을 뿐이다. 최후의 도전자가 문제를 풀 때, 전교생이 하나가 되어 숨죽이며 함께 기도하는 그곳에는 우리들이 있을 뿐이었다. 그것이 바로 골든벨의 성공 비결이자 힘이었다.

골든벨은 포맷이다. 누구라도 이 그릇을 사용하면 어느 나라에서도 활용이 가능하다.

〈도전! 골든벨〉은 1999년 1월 〈접속! 신세대〉의 한 코너로 시작해서 독립 프로그램으로 탄생했는데, 백항규 팀장, 전흥렬, 박현민, 임기순 피디 등이 제작을 맡았다. 청소년 프로그램의 대표 주자였던 골든벨은 20여 년 지속되다가 코로나 사태로 인해 녹화가 불가능해져 2020년 6월 28일 990회를 마지막으로 녹화했고, 이후 〈온라인 골든벨〉 등으로 10회 정도 유지되다가 1002회를 끝으로 결국 종영하게 된다.

"이렇게 오래 갈 줄이야!"
〈6시 내 고향〉 최초 제작팀

째깍 째깍 째깍… 따라라라라라…. 매일 오후 6시가 되면 어김없이 울려 퍼지는 시그널 뮤직. 황금들판을 뚫고 달리는 기차…. 촌스럽지만 어김없이 나오던 영상이다.

여타 프로그램과 달리 이 프로그램만큼은 〈6시 내 고향〉팀이라 부르고 싶다.

30여 년의 역사를 가진 오래된 프로그램이라서가 아니라, 그만한 자격과 대표성이 있는 프로그램이라고 생각하기 때문이다. 제작에 참여한 사람 모두 한 몸처럼 똘똘 뭉쳐서, 교양제작국 나아가 KBS의 자긍심과 존재의 이유를 보여준 대표 프로그램이 바로 〈6시 내 고향〉이다.

온몸을 던져서 이 프로그램을 처음 제작했던 팀원들, 누구라 할 것 없이 모두가 열정적이었던 초기 제작진들의 팀워크 덕분에 그런 결과를 낼 수 있었다고 굳게 믿기에 함께했던 그들을 대표해서 당시의 수석 피디이자 제반 지원업무를 총괄했던 내가 이야기하는 것뿐이다.

프로그램을 제작하면서 좋은 프로그램과 나쁜 프로그램을 가르기는 좀 그렇지만, 피디로서 하기 싫은 프로그램과 하고 싶은 프로그램을 나눌 수는 있다. 일반 피디들에게 있어 그렇게 나눌 수 있는 많은 잣대들 중 하나는 생색 낼 수 있는 프로그램과 그렇지 않은 프로그램으로 나눠볼 수 있지 않을까?

어쨌든 매일 새벽마다 눈 비비며 일어나 생방송으로 진행했던 〈아침의 광장〉이 없어지고 이제 좀 쉬운 프로그램을 하게 되나 싶었는데…, 이제는 좀 폼도 나고 이왕이면 해외 제작도 할 수 있는 프로그램을 하고 싶었는데…, 또 매일 저녁 생방송으로 하는 프로그램이란다.

솔직히 입사 후 처음으로 이번만큼은 절대 못 하겠노라고 이틀 정도 반항하며 출근 거부 투쟁도 했었지만, 결국 존경하는 두 분 선배님에게 굴복당해 끌려오게 된 곳이 바로 〈6시 내 고향〉이었다.

베테랑들로 최고의 팀을 꾸리다

〈6시 내 고향〉은 당시 우루과이라운드로 실의에 빠진 농어촌 주민들에게 용기를 주기 위한 취지에서 만들게 된 프로그램이었다. 월요일부터 금요일까지 매일 저녁 생방송으로 진행하는 프로그램, 두 선배가 굳이 나를 뽑아서 데려온 이유는 이미 다양한 생방송 경력이 있다는 것과 선천적인 꼼꼼함, 원만한 인간성에서 나온 다양한 협업 능력 때문이 아니었나 싶다.

어쨌든 1991년 5월 20일, 대규모 폭격 편대가 떴다. 제작팀은 이동석 부장과 차갑진 차장, 그리고 제작 피디에 A조 오태수, 최종덕, 김영국, 서재석, B조 유시청, 최종건, 임진호, 함형진, C조 장성환, 박찬홍, 이경균, 허 진, 그리고 총괄 진행인 나까지 모두 13명이었다. 이들 중 다섯 명은 이 프로그램 제작을 위해 특별히 각 지역 총국에서 차출되어 온 베테랑 피디들이었다.

이 프로그램을 진행하는 엠시로는 당시 아직 초년병이었지만 차분한 진행으로 피디 후배들에게 무한 신뢰와 사랑을 받고 있던 이금희 아나운서를 선정했다. 문제는 주인장격인 남자 엠시였다. 직전까지 함께 〈사랑방 중계〉를 진행했던 원종배 아나운서를 떠올렸지만, 고생이라고는 전혀 안 해본 부잣집 막내아들 같은 도회적인 느낌이 강해서 어울리지 않는 조합인 것 같아 망설이고 있었다. 초읽기에 몰리던 막판에 결국 원종배 아나운서에게 부탁하기 위해 만났는데, 1시간 전쯤에 역시 새롭게 출발하는 기획제작국의 〈기동취재 현장〉 엠시로 결정되었다고 하는 게 아닌가. 그렇게 해서 새로 결정된 엠시가 바로 박용호 아나운서였다. 막걸리 스타일의 텁텁하고 수더분한 인상의 박용호 아나운서는 이금희 아나운서와 함께 〈6시 내 고향〉의 간판이 되어 주었다. 우스갯소리로 우리끼리는 두 엠시의 촌스러운(?) 조합이 의외로 잘 어울린다고

처음부터 진행을 맡았던 박용호, 이금희 아나운서

생각했었다. 정작 두 사람의 생각이 어땠는지는 잘 모르겠다.

어쨌거나 두 사람은 《6시 내 고향》의 간판으로 초기 프로그램의 틀을 잡았다. 박용호 엠시는 나중에 이 프로그램으로 방송대상을 수상했고 아나운서 실장을 거쳐 훗날 국회의원까지 하게 된다. 이금희 엠시도 《아침마당》의 명 엠시로 명성을 날렸고, 지금까지도 불세출의 내레이터로 승승장구하고 있다.

영혼을 갈아 만든 제작 시스템

엠시도 엠시지만 실제 제작에 참여한 피디들의 업무가 살인적이었다. 12명의 피디를 세 팀으로 나눈 뒤 4명이 한 팀이 되어 3주에 한 번씩 일주일의 방송을 책임지는 식으로 구성했다. 그래서 전국을 경기강원, 경상, 호남, 충청 등의 4개 지역으로 나누고 각 지역을 담당한 피디들이 직접 현장에서 아이템을 선정해 제작해야 했다. 예컨대 1주차는 4박 5일간 사전 출장을 가서 아이템 취재와 현장 답사 등을 한 다음 금요일에 귀사해 토요일에 모여(당시는 토요일에도 근무했다) 취재 아이템을 놓고 본부팀과 함께 전체 방송 내용을 결정했다. 이어 2주차는 제작 주간으로 카메라팀과 함께 4박 5일 동안 촬영하면서 5개 아이템을 제작했다. 그리고 회사에 복귀한 토요일부터 즉시 편집을 시작했다. 3주차는 방송 담당 주간이었다. 5일 동안 출장 제작해 온 5개의 아이템을 매일 한 개씩 밤샘을 하며 편집하고, 후반 작업을 거쳐 생방송으로 방송했다. 방송 주간이 끝나면 바로 다시, 3주 전과 같은 일정으로 제작에 들어가는 방식이었다.

1주차 답사, 2주차 촬영, 3주차 편집 방송⋯ 다시 답사, 촬영, 방송⋯. 우리끼리 《6시 내 고향》은 피디들의 피를 뽑아서 만든 프로그램이라고 자조적으로 얘기했던 것은 바로 이런 시스템 때문이었다. 이런 식으로 4번쯤 돌았을 즈음 몸에 탈이 나는 피디들이 생겨나기 시작했다. 촬영을 가야 하는 피디가 갑자기 입원하는 일도 생겼고, 집안일로 촬영을 가지 못하는 상황도 생겨났다. 이런 경우를 대비해 준비해놓은 사람이 본부에 있던 나였고, 그때마다 그 역할들을 대신 맡아서 촬영을 다녀오기도 했다.

당시만 해도 현재와 같은 본격적인 제작 시스템이 갖춰지지 않았을 때라 거의 모든 작업을 피디들이 직접 맡아서 해야 했다. 그때는 인터넷도 없어서 아이템은 신문이나 잡지 같은 활자 매체를 이용해 찾아야 했고, 휴대 전화조차 보급되지 않은 때라서 그에 따른 어려움 또한 만만치 않았다. 작가도 전체 팀을 통틀어 4명뿐이라, 매일 방송되는 담당 아이템의 원고를 쓰기만도 바쁜 상황이었으니 별다른 도움을 기대할 수도 없었다. (지금은 대략 인하우스 피디 5~6명, 외주 피디 20여 명, 외주 작가 20여 명 등이 제작에 참여하고 있다.)

지금도 그렇지만, 생방송으로 진행되는 〈6시 내 고향〉은 방송 초창기부터 매일 전국 각 지역과 관련된 5개의 아이템으로 방송했다. 첫 코너는 항상 각 지역 총국들이 직접 제작에 참여하는 지역 화제 코너였다. 30여 년이 지났지만 만약에 지역 네트워크가 없었다면 과연 〈6시 내 고향〉 같은 프로그램이 가능했을까 싶을 정도로 그 공이 지대했다. 이어서 전국 각 지역을 다니면서 제작해온 4개의 아이템들이 방송되었다. 가급적 지역의 아이템들이 겹치지 않도록 항상 배려하는 것도 일이었다. 이러한 시스템은 시작부터 지금까지 거의 30여 년 동안 이어져 온 프로그램의 기본적인 틀이 되었다.

내 고향 리포터와 내 고향 장터

초창기에는 '내 고향 리포터'라는 고정 코너가 있어서, 매일 지역민 한 명이 자신의 고향 아이템을 직접 취재한 후 서울에 올라와서 생방송에 출연하기도 했다. 20대 처녀부터 70대 노인까지 각 지역의 토속적인 사투리로 내용을 설명해서 시청자들에게 색다른 맛을 제공하기도 했다. 이러한 아마추어 리포터 기용은 당시로서는 참 획기적인 기획이었다고 생각한다. 일반인들의 방송 출연도 쉽지 않았던 시대에, 그것도 생방송 스튜디오 토크와 사전 제작물 내레이션을 라이브로 한다는 것은 정말 쉽지 않은 일이었다. 편집실에서 사전 제작물을 보면서 리딩만 한 시간 이상 연습하기도 했었다.

또 다른 코너로 '내 고향 영상'이 매일 방송되었는데, 향토색 짙은 옛 고향의 기억을 떠올리게 하는 2분 내외의 브릿지성 코너로 피디들이 무척 골치 아파 하면서도 제작에 가장 신경을 썼던 코너였다.

뭐니뭐니해도 방송 초기에 가장 보람 있고 성과가 있었던 코너는 바로 '내 고향 장터'가 아니었나 싶다. 원래 이 프로그램의 탄생 배경 중 하나가 우리 농어촌 주민들에게 도움을 주기 위한 것 아니었던가? 그래서 '내 고향 장터' 코너를 만들어 일촌 일특산품 운동을 본격적으로 활성화시킨 것이었다. 전국 각 지역의 고향 특산물을 매일 한 가지씩 선정하고, 그 특산물 생산자가 스튜디오에 직접 출연해 소개하도록 한 것이다. 당시 이 코너를 담당했던 진행자는 개그맨 최영준이었는데, 장터를 열어주는 사람을 뜻하는 '여리꾼'으로 불렸다. 보부상 차림으로 장을 열어주었던 그는, 훗날 우리 시대의 마지막 변사로 변신해서 활발하게 활동하기도 했다.

어쨌거나 매일 생방송으로 진행한 탓에 어떤 날은 장닭이 스튜디오에서 꼬꼬댁 난리를 피우기도 하고. 어떤 날은 스튜디오에

생방송이 끝난 후에는 항상 전체 제작진이 모여 합평회를 가졌다.

젓갈 냄새가 진동하기도 했다. 그나저나 장터의 효과는 제작진의
기대 이상이었다. 특히 거의 폐업하다시피 하며 명맥만 유지하고
있던 경상북도 상주의 비단을 소개했을 때는 생방송 이후에도 구
매 문의가 쇄도했었다. 결국 비단을 짜던 그 마을이 다시 살아나
서 계속 비단을 짤 수 있게 되었다는 이야기를 들었을 때는 방송
의 무서움을 다시 한번 느끼면서 제작진들 스스로 자랑스러워 했
던 기억도 있다. 요즘처럼 인터넷이 활성화되어 생산자와 소비자
가 직거래하는 모습을 보면서 조금 더 앞서 가서 일찍 시작했던
그 당시의 코너가 떠올라 새삼 초창기의 열정을 다시 한번 새겨보
게 된다.

<6시 내 고향>의 성공 비결

솔직히 얘기하자면 나는 이 프로그램이 이렇게까지 오래 갈 줄은 전혀 예상하지 못했다. 아니 나뿐만 아니라 당시 제작진 대부분이 잘하면 1년 정도 갈 거라 생각했을 것이다. 그래서 이 팀에 끼어든 것을 정말 운수 없는 일로 받아들이고, 한 시즌 후에는 무슨 수를 쓰더라도 빠져나가야겠다고 나름 작정들을 하고 있었다. 그런데 그런 프로그램이 어떻게 롱런하는 프로그램이 되었을까.

실제로 〈6시 내 고향〉이 성공하자 바로 다음 시즌에 이웃 M사에서 유사한 프로그램을 시작했지만 무참한 패배로 끝나고 말았다. 한 시즌 만에 바로 꼬리를 내린 것도 모자라 그 이후로 다시는 유사한 프로그램을 내놓을 시도조차 못하고 결국 〈6시 내 고향〉을 동 시간대 부동의 프로그램으로 만들고 말았다.

과연 〈6시 내 고향〉의 어떤 면이 성공 요인이었을까?

첫 번째, 편성 시점이 좋았다. 프로그램이 시작한 시점은 4월 개편으로 만물이 소생하는 봄이었다. 카메라를 들이대기만 하면 여기저기 활기가 넘쳐나는 시절이었고, 농촌이든 어촌이든 모든 활동을 시작하는 시기였다. 반면에 M사가 경쟁 프로그램을 시작한 시점은 가을철이었다. 농촌에서는 다가올 겨울을 대비하는 시점이고 모든 활동을 멈추고 휴식에 들어가는 시기였다.

두 번째, 네트워크의 장점을 100퍼센트 살린 지역 방송국들의 절대적 지원이 있었다. 잘 알다시피 KBS는 각 지역마다 지역 총국이 있어 전국적인 방송망으로 일사불란하게 모든 도움을 얻을 수 있는 조직이다. 데일리 프로그램의 속성상, 지역 방송국의 자발적이고 적극적인 협조가 없었다면 유지하기가 어려운데 그것이 가능했던 것이다. 소유주가 각각인 여타 민영 방송사들과는 다른 특별한 장점이기도 했다.

세 번째, 가능한 최고 수준의 인적자원을 최대한 투입함으로써 최고의 성과를 낼 수 있었다. 단 한 사람도 뒤지지 않고, 자신들이 해야 할 역할을 충실히 수행함으로써 목표에 쉽게 도달할 수 있었던 것이다. 최고의 프로그램을 만들기 위해 전 제작진이 한마음으로 똘똘 뭉쳤다. 프로그램을 잘못 만들어 같은 조원들에게 부끄러운 결과물을 내놓거나, 우리 조가 맡은 주간의 방송이 다른 조에 비해 뒤처지면 조원들에게 미안하다는 생각이 들었다. 그것이야말로 우리를 지속적으로 긴장시켰던 힘이었다. 더구나 이들 중 5명은 이 프로그램을 위해 특별히 차출되어온 피디들로 일당백의 능력자였을 뿐만 아니라, 각 지역에서 이미 활동했던 경력이 있어서 지역 특성들을 훤하게 꿰고 있었다. 이들은 즉시 취재와 제작이 가능했던 에이스들로 최고의 능력을 보여주었다. 실제로 첫 시즌을 성공적으로 마친 뒤 초기 멤버들은 하나둘씩 또 다른 프로그램으로 발탁되어 떠나갔다.

네 번째, 주변 관계자들의 소리 없는 지원이 있었다. 처음 시작할 때부터 제작진에게 내려진 엄명 중 하나는 절대 관의 도움을 받지 말라는 것이었다. 예컨대 군청이나 면사무소 같은 행정 담당자의 도움을 받지 않도록 했던 것이다. 차량이 필요하면 렌터카를 빌리고, 운전이 불가능하면 택시를 전세 내서 답사하도록 했다.

이러한 소문은 인근 유사 업무 담당자들에게 곧 소문이 났고, 내 고향팀의 그러한 활동들이 모범사례가 되어서 서로서로 자발적으로 도와주게 된 것이었다.

다섯 번째, 필요한 내용들을 적시에 구성해서 방송에 반영한 순발력을 들 수 있다. 농어민들에게 필요한 코너를 그때그때 적절하게 반영해 구성함으로써 우리들의 프로그램이라는 이미지를 심어준 것 또한 성공 비결 중 하나였다.

생방송으로 진행되는 《6시 내 고향》의 특성 중 하나는, 전국이 동시에 함께 움직이고 있는 느낌을 주는 기동성이다. 같은 시간에 전 국민이 동시에 울고 웃는 그 프로그램의 맨 밑바닥에는 언제나 함께하는 사람과 부모, 그리고 형제의 표정이 담겨 있다. 《6시 내 고향》의 힘은 언제라도 항상 돌아가고 싶은 그곳이 바로 고향이라는 것을 떠올리게 한 것 때문이 아니었을까?

문득 첫 연출을 무사히 마치고 난 후, 이금희 아나운서에게 건넸던 말이 떠오른다.

"이 프로그램, 이러다가 정말 오랫동안 하게 되면 어떡하지?"

그런 말을 해놓고도 나는 1년 만에 다시 새로운 프로그램을 맡아 자리를 옮겼다. 박용호 엠시는 8년, 이금희 엠시는 6년 동안 《6시 내 고향》의 진행을 맡았다. 1991년 5월 20일 첫 방송을 시작한 《6시 내 고향》은 30년이 지난 지금까지도 굳건하게 방송되고 있다.

가야 할 나라는 아직도 많다
〈걸어서 세계 속으로〉

어떤 분이 '여행의 양은 인생의 양'이라고 했던 말이 떠오른다. 여행을 많이 다녀본 사람은 인생의 깊이도 그만큼 깊을 것이라는 말일까? 새로운 것을 만나는 즐거움과 휴식의 평온함, 게다가 지적인 욕구까지 채워주는 것이 바로 여행일 것이다.

여행을 가고 싶은 사람에게는 떠나고 싶은 욕구를 불러일으켜주고, 다녀온 사람들에게는 추억을 불러일으키는 향수를 더해준다는 점에서 여행 프로그램은 생활 정보와 간접 체험이 담긴 프로그램으로서 중요한 의미를 가진다고 할 수 있다.

어쨌든 세계여행 프로그램 하면, 가장 많은 사람들이 가장 먼저 떠올리는 것이 아마도 〈걸어서 세계 속으로〉(이하 〈걸세〉)가 아닐까. 혼자 북 치고 장구 치는 프로그램, 배낭을 메고 직접 돌아다니는 듯한 1인칭 시점으로 촬영되어 마치 직접 여행하는 것 같은 느낌을 주는 프로그램 말이다.

명실공히 여행 프로그램의 대명사가 되다시피 한 〈걸세〉는 2005년 11월 5일 가을 개편과 함께 영국 맨체스터 편을 시작으로 첫 방송되었다. 지난 18년간 이 프로그램을 통해 소개된 나라는 아시아 48개 국, 아프리카 54개 국 등 모두 198개 국이고 소개된 도시만 대략 760곳에 이른다. 세계화 시대에 맞춰, 한 도시가 가지고 있는 특징적인 생활 문화를 주제로 그들의 의식주와 문화가 담긴 생활공간 등을 집중 취재하되, 우리에게 잘 알려지지 않은 명소와 문화를 중심으로 방송한다는 것이 최초의 기획 의도였다.

어쨌든 초창기의 기획 의도와 상관없이 근 18년여를 꾸준히 방송해왔으니, 최초 기획자로서 실로 가슴 뿌듯하지 않을 수 없다. 당시의 기억을 떠올리는 것 또한 새로운 감회를 전해준다. 회고 차원에서 다시 되돌아보는 것은 아마 그때의 열정과 의욕을 새삼 다시 느껴보고 싶기 때문인지도 모르겠다.

〈걸세〉의 탄생과 준비 과정

〈글로벌 도시탐험〉, 〈배낭 메고 세계 속으로〉 등등 수많은 타이틀을 놓고 고민하다가, 최종적으로 〈걸어서 세계 속으로〉라고 제목을 정했다. '걸어서'라는 단어에는 배낭을 메고 걸으면서 볼 수 있는 소소한 것들을 취재하겠다는 의미를 담았고, '세계 속으로'라는 단어에는 큰 규모의 '나라'가 아니라 보다 적은 규모의 세계인 '도시'를 취재하겠다는 생각을 담았다. 100년 전, 그리고 10년 후 아니 몇백 년 뒤에도 똑같을 게 뻔한 명승지나 유적들보다는 지금 그곳에서 살아가고 있는 사람들의 생활과 우리네와의 문화 차이를 알아보는 내용을 담는 것을 목표로 했다. 거기에다 여행과는 떼놓을 수 없는 속성을 가진 문학과 영화, 음악적인 내용 같은 것들을 곁들인다는 생각도 보탰고, 타이틀백으로는 배낭과 지구본 그리고 비행기를 사용해 제작했다. 제작 여건상 어쩔 수 없는 일이기도 했지만, 이미 실용화된 고급 기자재인 6mm HD카메라를 이용해서 피디가 직접 촬영부터 편집, 원고까지 해결하는 원맨 프로덕션으로 제작한다는 대원칙을 세웠고, 이러한 생각을 바탕으로 팀을 구성했다. 따라서 충분히 그 역할을 수행할 수 있는 노련한 피디들을 선정하는 데 중점을 두었다. 창설 멤버로 투입된 이들은 다양한 경험과 능력을 가진 김인호 피디, 조성만 피디, 안창헌 피디였고, 젊은 피디 중에는 홍현진 피디가 뽑혔다. 이제야 이야기하지만 정말 고생을 많이 한, 진심으로 고마웠던 피디들이다. 이들은 이후 많은 인기를 얻게 되는 〈걸어서 세계 속으로〉의 독특한 매력을 만들어 내면서 초반 기틀을 잡았다. 인하우스 피디 4명만으로는 매주 60분짜리 해외 취재물 한 편씩을 제작해 방송하기 불가능했기 때문에 외주 제작사인 허브넷의 피디들도 투입했다. 허브넷에서는 노홍석, 김군래 두 명의 피디가 투입되었다.

피디를 선정하고 난 후 나름대로 작은 원칙들을 세웠다. 솔직히 서울 안 가본 사람이 서울 가본 사람을 이긴다는 말처럼, 프로그램을 어중간하게 만들면 시청자들에게 호응을 얻기 힘들 것이라는 게 우리들이 처음 했던 걱정이었다. 안 가본 사람들이 더 잘 아는 곳을 (그럴 수밖에 없는 게 수많은 프로그램들에서 여행 정보를 다루다 보니, 여행에 관심 있는 사람이라면 이 프로 저 프로에서 얻은 다양한 지식들이 많아져 오히려 제작 피디보다 더 잘 알 수밖에 없는 현실이다) 취재하기보다는 가급적 자주 소개되지 않았던 도시, 설혹 유명한 도시를 가더라도 아무도 모르는 그 도시의 새로운 면모를 찾아서 취재하는 것을 또 하나의 원칙으로 세웠다. 그래서 이러저러한 원칙들이 만들어졌다. 당시 제작 노트에는 다음과 같은 몇 가지 원칙과 주요 촬영 아이템들이 기재되어 있었다.

기본적인 제작 원칙

- 피디 1인이 6mm HD카메라를 사용해 직접 촬영 제작한다.
  - 원맨 프로덕션 시스템
- 피디가 구성, 원고 작성 등을 직접하는 프로그램 제작 모델을 만든다.
- 정보 외에 기행 프로그램의 또 하나의 핵심인 배경음악 선정에 최선을 다한다.
- 내레이터는 시청자와의 친숙함을 위해 너무 매끄럽지 않은 전문 음성 배역보다는 다소 매끄럽지 않아도 신선한 내레이터를 선정한다. (예: 연극배우)
- 외주비율 유지 및 제작 인원 절감을 위해 절반은 외주 프로덕션을 통해 제작한다.

- 리포터가 없다는 것을 감안해 촬영 시 최소 3회 정도 피디가 꼭 출연한다. (자체 제작임을 알린다)
- 직접 여행하는 느낌을 위해 필요 시 핸드헬드 카메라 기법을 꼭 사용한다.
- 현지인과의 다양한 인터뷰를 시도해 현지인의 살아있는 목소리를 담아온다.
- 현지 지도와 현지 음악을 필히 구해온다.

주요 촬영 아이템
- 구 시가지의 모습
- 전통방식을 고수하면서 살아가는 집 또는 사람
- 가장 오래된 가게 또는 음식점, 또는 술집
- 도시에서 가장 유명한 시민들의 단골집(케익 집, 아이스크림, 전통음식 가게 등)
- 우리가 알 만한 유명한 사람이 자주 다니던 곳 – 길, 카페, 명소
- 우리가 알 만한 노래 또는 문학 등 작품의 무대가 되었던 곳, 명소
- 특이한 수집 취미, 또는 유별난 사람 소개 및 집 방문
- 일반인들 가정집 방문 – 주방 구조 및 주방용기, 응접실 구조
- 유치원, 초등학교 수업 또는 체육시간, 음악시간, 기타
- 젊은이들의 명소, 연인들의 집합소
- 건물이 특이하거나, 값이 저렴하거나 뭔가 이야기거리가 있는 숙소

첫 번째 프로그램을 취재할 피디와 도시를 선정하고 나니, 절

대적인 준비 시간이 부족해 마침 2년 전에 영국에서 유학을 마치고 돌아왔던 홍현진 피디를 보내기로 했다. 취재할 도시는 박지성 선수의 프리미어 리그 진출로 인해 관심의 중심이 된 맨체스터였다.

두 번째 취재 도시는 허브넷의 노홍석 피디가 캄보디아 프놈펜을, 세 번째 도시는 당시 미국에 살고 있던 김세현 피디가 뉴욕 맨해튼을 취재했다. 이어서 안창헌 피디가 터키 이스탄불을, 김군래 피디가 일본의 하코다테를 준비했고, 가장 선임이었던 김인호 피디는 타이틀을 만들고 제작비용을 짜고, 스케줄을 세우는 등 첫 방송에 필요한 기초 준비 작업을 맡았다.

오카리나로 연주한 타이틀 음악

프로그램의 성공을 좌우하는 중요한 스태프 중 하나는 구성작가다. 하지만 〈걸세〉는 철저한 원맨 프로덕션 시스템으로 피디가 직접 구성, 촬영, 원고를 모두 맡기로 했기 때문에 작가 선정에 대한 부담은 처음부터 덜 수 있었다. 대신 피디들에게 촬영할 때부터 더욱 더 생생한 느낌을 전달하도록 주문했고, 또 그때그때 느끼는 개인적인 생각이나 감정들도 담도록 해서 여타 여행 프로그램과의 차별화를 시도했다. 내레이션에서 '나는…' 또는 '내가…'라는 1인칭 표현을 자주 사용했던 것은 그런 이유 때문이었다.

촬영, 구성 외에 중요한 또 하나의 스태프는 바로 음악 감독이다. 나는 기행 프로그램에서 가장 중요한 요소 중 하나가 음악이라는 믿음을 처음부터 갖고 있었다. 여행과 음악, 문학, 영화… 이런 장르들은 대개 함께 묶이기 마련이고 상호 의존도 또한 높다. 이 중 한 가지를 좋아하는 사람은 대개 다른 것들도 좋아하게 마련이다. 그래서 음악 감독 선정만큼은 정말 다른 무엇보다 신중에 신중을 기했다. 그래서 선택한 사람이 바로 오미자 음악 감독이었다. 오 감독은 그 누구보다 이 프로그램을 위해 정말 많은 고생을 했다. 그 어떤 스태프보다 더 열정적으로 덤벼들었던 탓에, 결과적으로 〈걸세〉의 시작부터 거의 10년간 가장 오랫동안 자리를 지킨 멤버가 되었다. 음악 선곡을 위한 시사를 하고 난 다음에는 선곡을 마칠 때까지 전화도 받지 않을 정도로 광적으로 그 분위기에 빠져들어 일했던 열정을 가진 음악 감독이었다. 당시 〈걸세〉의 BGM은 선곡 센스가 뛰어나기로 유명했다. 그 때문에 방영 초기부터 시청자 게시판에 수록곡을 묻는 글이 쇄도하기도 했다. 이러한 결과는 당연히 오 감독의 열정이 만들어 낸 것이었다.

타이틀 음악은 독특하게 오카리나 연주곡을 찾아서 넣었다. 언젠가 〈타이타닉〉의 주제곡을 듣고 나서 이 악기로 연주하는 음악을 프로그램에 한번 사용해보고 싶다는 생각을 했고, 그렇게 해서 선곡된 것이 지금의 타이틀 음악이다. 처음에는 약간 어색하기도 했지만 들으면 들을수록 정감이 생겨 결국 〈걸세〉를 상징하는 음악이 되었다. 바로 한태주가 오카리나로 연주하는 〈물놀이〉다.

개성적인 매력을 담은 내레이션

다음으로 참 말도 많고 탈도 많았던 것이 내레이터였다. 근 40여 년 프로그램을 제작해온 경험에서 보더라도, 이 프로그램의 내레이터만큼 관심의 초점이 되었던 적도 드물 거라고 생각한다. 애당초 프로그램을 기획하면서 내레이터로 나름 염두에 두고 있었던 사람은 탤런트 김윤석 씨였다. 그런데 이런저런 이유로 성사가 안 되는 바람에 김규철 씨가 맡게 되었다. 김규철 씨는 정확하고 맛깔스러운 발음으로 안정감 있게 출발했는데, 얼마 안 가 대하사극에 출연하면서 스케줄이 겹쳐서 내레이션을 포기할 수밖에 없었다. 그다음 내레이터는 김규철 씨가 추천한 고 박광정 배우였다. 박광정 씨가 처음 내레이션하던 날, 더빙실에 앉아 있던 나는 그의 명확하지 않은 외국어 같은 발음 때문에 무척 불안했다. 그런데 어느 정도 시간이 지나자 그만의 묘한 매력에 빠져들기 시작했다. 뭐랄까. 한마디로 표현하기는 어렵지만, 아마도 그가 전체적으로 만들어 낸 어떤 카리스마 같은 것이지 않았을까 하는 생각이 든다. 그 이후로도 그의 매력이 점점 더 발휘되면서, 진솔한 맛으로 시청자들에게 강하게 어필하게 되었다. 그러나 박광정 씨 역시 오래 함께하지 못하고 다시 연극 무대로 돌아가야 했다. 그 이후 만난 사람이 바로 연극배우 김중기 씨다. 나는 이 프로그램을 통해서 처음 김중기라는 사람을 만났다. 단순한 연극배우로만 알았는데, 몇 달이 지나서야 그가 한때 과격한 운동권으로 아크로폴리스를 쩡쩡 울리게 했던 서울대학교 학생회장 출신이라는 것을 알게 되었다. 물론 내레이션과는 전혀 상관없는 이력이었지만, 그는 처음부터 조용했고 항상 깊은 생각에 빠져 있는 듯해 내레이터로는 그리 인상적이지 않았다. 한 번도 내레이션을 해보지 않았다고 해서, 솔직히 큰 기대는 하지 않았다. 처음 내레이션을 들었을 때도 뭔가 어설프고 어색하다는 느낌을 지울 수 없었다. 그래서인지 그가 내레이션을 맡았던 처음 몇 주 동안 홈페이지는 그에 대한 불만들이 자주 올라왔다. 그러나 그의 특징은 마치 자신이 직접 촬영을 하고 돌아온 피디인 것처럼, 때로는 시청자인 내가 지금 여행하고 있는 것 같은 느낌이 들 정도로 프로그램을 자신의 것으로 만들어 내는 내레이션이었다. 그가 초기 2년 동안 참여하고, 한동안 쉬다가 다시 1년 동안 내레이터로 활약할 수 있

초창기부터 메스컴의 칭찬을 받았던 〈걸어서 세계 속으로〉

었던 것은 그런 매력 때문이 아니었을까?

오미자 감독이 음악으로 프로그램을 더욱 빛내줬다면, 김중기 씨는 그 특유의 어눌한 내레이션으로 〈걸세〉를 더욱 빛나게 했던 또 한 명의 주연이었다.

여행 프로그램을 만드는 즐거움

〈걸세〉의 제작과정은 이랬다. 한 나라에 대한 취재 기간은 보통 2주일. 취재를 마치고 돌아온 피디는 귀국하자마자 쉴 틈도 없이 촬영해온 테이프(보통 60분×15개 내외)에 대한 프리뷰를 진행하고, 구성안을 짠 다음 바로 편집을 시작한다. 편집은 통상 일주일에서 열흘 정도 걸리는데, 편집을 마치고 난 후 그러니까 방송 일주일 전 토요일에 1차 시사를 한다. 제작 피디에겐 마치 피가 마르는 시간이었겠지만 그 시사 시간은 나에게 가장 행복한 시간이었다. 그 이유는 바로 피디들이 매번 취재해 온 내용을 통해 새로운 것을 알고 배우는 즐거움 덕분이었다.

여행의 즐거움이란 무엇일까? 보고, 사진 찍고, 먹는 것일까? 나는 여행의 가장 큰 즐거움은 모르던 것을 알게 되는, 즉 새로운 정보와 지식을 얻는 것이라고 생각한다. 피디들이 취재해서 편집해 놓은 테이프에는 언제나 한두 개 이상의 새로운 정보들이 담겨 있어 그것들이 나로 하여금 그런 즐거움을 주었던 것이다.

편집본에 대한 전체적인 구성과 흐름에 대해 함께 논의하고,

수정하거나 교체할 내용 등을 협의한 다음 보완 작업을 거쳐 월요일에 종합 편집을 한다. 비디오와 현장 오디오, 그리고 자막이 담기는 방송 직전의 테이프가 완성되는 것이다. 이 작업 직후 음악 감독이 선곡을 위한 시사를 하고, 이후에 피디는 원고 작성, 음악 감독은 선곡 작업에 들어간다. 그리고 목요일에 선곡된 음악을 내레이터와 함께 더빙하면 모든 작업이 완료되는 것이다.

그러니까 한 명의 피디는 취재국 자료 조사와 취재 준비에 10여 일, 현지 취재에 15일, 프리뷰 및 편집 작업에 10일, 원고 작업에 5일, 기타 정산 등에 일주일 모두 합쳐서 한 회를 만드는데 보통 한 달 반 내외의 시간을 쓰는 셈이다. 8주에 한 번꼴로 순번이 돌아오니 쉴 수 있는 시간이라고 해 봐야 겨우 두 달에 일주일 남짓 정도밖에 안 되는 강행군이었다. 어떤 CF에 '집 떠나면 개고생'이라는 카피가 등장했을 정도로 놀러 여행을 가는 것과 업무차 출장 가는 것은 엄청난 차이가 있는 법이다. 그런데다 수많은 시청자들에게 보여주기 위해 취재까지 해야 하는 것은 정말 엄청 부담되고 고통스러운 일이었다. 그런 개고생(?)을 하고 있는데도 "〈걸세〉 피디가 부럽다"느니, "나중에 꼭 〈걸세〉 피디처럼 훌륭한 피디가 되고 싶다"라고 말하는 시청자 의견이 많았다. 아이러니하게도 방송국 내 제작 피디들 사이에서도 희망 프로그램 영순위였으니 이렇게 고생하는 것을 알고도 그럴 것인지 정말 궁금하다.

각설하고, 불평 한마디 없이 모든 고생을 묵묵히 견뎌내고 최고의 영상과 내용을 취재하기 위해 걷거나 뛰었던 초창기 피디들은 정말 고생이 많았다. 그러다 보니 언젠가부터 시청자와 네티즌

들의 입을 통해 정말 좋은 프로그램, 볼 만하고 유익한 프로그램
이라는 말이 자주 오르내릴 수 있었다.

감각적인 타이틀보다 더 특별한 에피소드

이 프로그램을 제작하면서 특별히 신경 썼던 것 중 하나는 그
나라의 특색을 가장 잘 드러내는, 실제로 각 편의 주제라고도 할
수 있는 타이틀을 짓는 것이었다. 그 당시의 타이틀을 다시 보니
무척 독특했었다는 생각이 든다. 마치 영화 제목과도 같았던 몇
개를 뽑아 보자면 다음과 같다.

• 킬링필드에서 리빙필드로 – 프놈펜

• 천의 얼굴 – 맨해튼

• 천년의 빛이 살아 숨쉰다 – 이스탄불

• 일본 속의 작은 유럽 – 하코다테

• 오렌지 향기 타고 도는 플라멩고의 도시 – 세비야

• 천년을 간직한 미로의 도시 – 모로코

• 바다여! 너와 결혼하노라 – 베네치아

• 태양과 색채의 강렬한 유혹 – 프랑스 아를

• 꿈을 연주하는 무지개 도시 – 호주 멜버른

• 혼돈의 말을 들어라 – 인도 델리

• 28번 전차로 7개의 언덕을 가다 – 리스본

〈걸세〉의 시작을 알린 첫 번째 방송의 타이틀은 '과거의 도시, 미래를 품다 – 맨체스터'였다.

흔히 피디는 프로그램으로 말한다고들 한다. 같은 재료를 주더라도 요리사마다 각기 다른 자기만의 독특한 맛을 내는 다양한 요리를 만들어 내듯 피디들도 자기만의 독특한 색깔을 프로그램에 담는다는 말일 것이다. 첫 방송 취재를 마치고 돌아온 홍현진 피디의 입이 튀어나와 있었다. 맨체스터 구장으로 가는 응원단들과 함께 배를 탔는데, 그들이 부르는 응원가 가사가 맘에 안 들었다고 했다. '박지성은 힘이 좋은 선수인데, 그 이유는 그가 개고기를 먹었기 때문'이라는 내용이 문제였다. 기분이 약간 나빠지긴 했지만, 우리가 몰랐던 현지에서 얻은 정보였기 때문에 그대로 넣기로 했다. 산업혁명의 발상지이자, 면방직의 도시로만 알았던 맨체스터의 색다른 면모가 충실히 담겨 있는 첫 방송은 만족스러웠다. 카메라 렌즈를 통해 피디의 따뜻한 시각이 엿보이는 〈걸세〉의 본격적인 마인드가 자리 잡기 시작한 방송이었다.

'천의 얼굴 – 맨해튼'을 준비할 때 사전 조사를 하는데, 인터넷으로 자료를 검색하다 보니 얼마 전에 '뉴욕 문학 지도'라는 것이 만들어졌다는 기사가 보였다. 명작의 무대나 유명 영화의 배경이 되었던 장소들을 돌아볼 수 있도록 만든 지도였다. 꼭 그 내용을 취재해서 촬영하라고 부탁한 덕분에 《위대한 개츠비》의 무대가 되었던 건물들과 〈나 홀로 집에〉의 무대, 명물 도너츠 가게 등 다양한 내용을 모두 담을 수 있었다. 무엇보다 맨해튼 편은 뉴욕이라는 큰 도시 중심이 아니라, 공원을 중심으로 한 작은 지역을 걸어

56

다니며 취재를 해서인지 아무도 모르는 뉴욕의 참 모습과 〈걸세〉가 앞으로 나아가야 할 방향을 제시했던 방송으로 기억된다.

그리고 하코다테 편이 이어졌다. 촬영본은 가와바타 야스나리의 《설국》을 연상케 했다. 하코다테는 홋카이도에 있는 도시다. 촬영 시기는 11월 말 첫눈이 오기 시작할 무렵이었는데, 첫눈 내리는 버스 정류장에서 우리네 여고생들과 똑같이 수다 떨며 즐거워하는 장면 등을 담을 수 있었다. 크리스마스를 앞둔 가게에서 오르골 만들기 체험과 선술집에서 신승훈의 한국 가요를 부르는 하코다테 어른들의 정겨움까지. 그 모든 장면에 피디의 따뜻한 시선이 그대로 담겨 있었다. 이제 〈걸세〉는 아름다운 자연과 인간의 희로애락 같은 여행의 참맛을 담으면서 한 회 한 회 앨범들을 쌓아갔다.

네티즌과 함께 소통하며 만든 방송

몇 차례 방송이 나갔는데, 의외로 반응이 좋았다. 시청자 의견도 홈페이지에 점점 더 모이기 시작했다. 〈걸세〉에 대해 진심으로 조언하는, 프로그램을 아끼는 마음이 속속 배어 있는 글들이었다. 그분들의 지적 한마디, 질문 한마디를 그냥 넘어갈 수 없었기에 방송 초기부터 시청자들이 보내오는 의견에 가장 많은 신경을 썼다. 앞으로의 방송 일정은 물론 현재 제작 중인 도시에 대한 정보부터 수록 음악이나 다양한 문의 사항, 테이프 구입 방법 등 모든 궁금증을 담은 의견들이 수시로 올라왔다. 시청자와 상호소통하기 위해 가능한 그들과 많은 대화를 하려고 했던 마음 씀씀이가 〈걸세〉 팬들에게 강한 울림을 주었다고 지금도 굳게 믿고 있다. 나는 거의 연애편지를 쓰는 심정으로 매주 네티즌과 대화를 나눴다. 이전에 그 어떤 프로그램을 제작할 때에도 그처럼 시청자들과 많은 대화를 한 적은 없었다. 그랬던 나를 그렇게 하고 싶도록 만들고, 그런 용기를 준 것은 다름 아닌 〈걸세〉 팬들의 여행에 대한 열정과 사랑이었다. 아직까지 남아 있는 당시 주고받았던 메일들을 소개해본다.

'여러분의 사랑 덕분에 비록 늦은 시각이긴 하지만 지난 봄 부분 조정 때부터 2TV에 재방송을 하게 되었고…'

'현재 제작 완료되었거나 진행되고 있는 도시들은 포르투갈의 리스본, 네덜란드의 암스테르담, 일본의 나가사키, 체코의 프라하, 프랑스의 아를 등입니다.'

'중국 취재를 원하셨는데, 중국의 경우에는 취재 비자 등 여러 어려움이 있어서 준비 기간이 많이 필요합니다. 가급적 빠른 시일 내에 가능하도록 노력해보겠습니다.'

'월드컵 중계방송 관계로 〈걸어서 세계 속으로〉의 2TV 목요일 밤 재방송이 6월 한 달간 쉬게 됨을 알려드립니다.'

시청자 한 분은 다음과 같은 메일을 주셨다.

〈걸세〉는 시청자가 직접 여행하는 느낌을 주어야 합니다. 이것이 이 프로그램의 고유한 색깔이자 장점입니다. 대다수 시청자들도 이 점에 열광했습니다. (중략) 전에는 전체 시스템이 어떻게 움

〈걸어서 세계 속으로〉의 2기 제작진들(왼쪽 두 번째가 내레이터 김중기 씨)

직이게 된 것인지 상세하고 친절하게 장문으로 설명해 주셨습니다. 그저 말뿐이 아니라는 것을 증명이라도 하듯 게시판을 도배하는 여러분들의 격찬이 쏟아졌습니다. 만드시는 분들도 시청자분들도 다 같이 기쁨과 보람을 느끼는 방송이었는데…'

다시 한번 말하지만 시청자들의 반응이 프로그램을 죽이기도, 때로는 살리기도 한다는 것을 〈걸세〉만큼 확실하게 경험해본 적이 없었다.

이러한 외부 반응뿐만 아니라, 첫 시즌이 지나면서 내부에서도 긍정적인 피드백이 나왔다. 〈걸세〉 참여를 희망하는 피디들이 엄청 늘어난 것이다. 나중에는 이 프로그램에만 50명 이상이 지원하기도 했다. 그 이유는 단순히 해외 취재 프로그램이라는 것때문이 아니었다. 내 생각에는 직접 촬영도 하고 글도 써야 한다는 어려움이 오히려 피디들에게 한번 도전해보고 싶은 프로그램이라는 매력으로 다가간 것이 아니었나 생각된다.

해외여행 프로그램의 대표주자

〈걸세〉가 성공적으로 자리 잡으면서 초창기 멤버들은 다른 프로그램으로 옮겨갔다. 처음부터 함께 제작해오던 외주 제작사도 빠지면서, 전체적으로 인하우스에서 제작하는 시스템으로 바뀌었다. 얼마 후 내레이터도 김중기에서 김C로 바뀌었고, 마지막까지 남아 있던 음악 감독도 10년 만에 자리를 떠나면서 초창기 멤버들은 모두 교체되었다. 한때는 〈걸세〉의 내레이터가 바뀔 때마다 9시 뉴스에서 기사로 취급했던 적도 있었다. 또한 〈걸세〉가 폐지된다는 기사가 떴던 2009년 10월에는 시청자들의 집단 항의로 그 존폐 여부가 초미의 관심사가 되기도 했다.

결국 당시 경영진은 〈걸세〉의 방송을 잠시 쉬고, 2010년 1월부터 다시 재개하겠다는 약속을 했고, 그에 맞춰 다시 방송이 시작되었다. 이후 〈걸세〉보다 2년 늦은 2008년 2월에 EBS의 〈세계 테마기행〉이 시작되었고, 지금은 연예인들이 출연하는 해외여행 프로그램들이 우후죽순처럼 넘쳐나는 상황이 되었다. 그렇지만 누가 뭐래도 아직까지 여행 프로그램의 대표주자는 〈걸어서 세계 속으로〉라고 생각한다.

2006년 12월 말, 다시 편성팀으로 자리를 옮기면서 일 년 동안 공들여 새롭게 만들었던 내 사랑 〈걸세〉와 헤어졌다. 방송을 틀면 지금도 어느 채널에선가 송출되고 있는 〈걸세〉를 보면서 만약 프로그램의 최초 기획자에게 저작권이 주어졌다면 지금쯤 엄청난 부자가 되었을 거라는 생각도 해본다. 웃자고 해본 말이다.

2005년 시작한 〈걸어서 세계 속으로〉는 2009년 10월 잠시 중단되었다가 시청자들의 반발과 열화와 같은 성원에 힘입어 2개월 후인 2010년 1월 9일 다시 방송을 재개했고 지금까지 계속 방영 중이다.

바다 건너 친정 길
〈러브 인 아시아〉

정기 개편을 앞둔 어느 날이었다. 당시 맡고 있는 프로그램을 현재 방송 중인 시간대에서 지금보다 시청자 접촉도가 높은 평일 저녁 시간대로 옮기는 것이 어떻겠느냐며 묻는 편성팀의 연락이 왔다. 당시 맡고 있던 프로그램의 방영 시간은 별로 주목을 받지 못하는 토요일 오후 시간대였다. 개인적으로는 아직 시간대를 바꾸고 싶은 생각이 없었다. 그래서 담당인 정기윤 차장에게 의견을 물었다. 솔직히 나는 현재 시간대에서 한 시즌만 더 하면서 인지도를 높인 후 다음 시즌에 옮기고 싶었다. 다행스럽게도 정 피디의 생각도 나와 같았다.

프로그램을 성공시키기 위해 필요한 것 중 하나는 인큐베이터의 활용이다. 욕심이 큰 프로그램일수록 어느 정도 시간이 흐를 때까지는 이런저런 것들에 시달리지 않고, 마치 인큐베이터 속에 있는 것처럼 안정적으로 숙성시킬 절대적인 시간이 필요하다. 그 시간을 벌기 위해서는 현재보다 더 좋은 시간대로 옮기는 것이 그리 달가운 일이 아니라고, 오히려 나보다 훨씬 더 큰 그림을 그리던 정기윤 피디가 욕심을 냈다. 그 프로그램은 바로 2005년 11월 5일 첫 방송 이후, 2015년 2월까지 장장 10년 동안 방송된 〈러브 인 아시아〉였다.

외국인 며느리, 친정에 보내기

지금과 같은 다민족 사회가 본격적으로 시작되리라는 것을 미리 예상하고 내놓은 프로그램은 〈친정 길 프로젝트 – 다녀오겠습니다〉였다. 그리고 이 프로그램은 〈러브 인 아시아〉의 실질적인 모태가 되었다. 2005년 통계청 발표에 따르면, 전년도 전체 혼인 건수 31만 944건 중 한국 남자가 외국인 여자와 국제결혼을 한 건수는 2만 5,594건으로 8.2퍼센트 비율이었다. 당시 농어촌 결혼 4건 중 1건이 국제결혼이었고, 농어촌에 시집온 외국 여성의 국적은 중국과 베트남, 필리핀이 각각 879명과 560명, 195명으로 전체의 90.0%를 차지했다. 지역별로는 전남이 269명으로 가장 많았고, 그다음은 경북, 충남, 경기, 전북, 경남… 제일 끝이 서울로 33명 순이었다. 한국 농어촌으로 시집오는 외국인 여성들이 점점 더 늘어나고 있는 추세인데, 과연 이들은 행복하게 잘 살고 있을까? 하는 궁금증이 생겼다.

〈친정 길 프로젝트 – 다녀오겠습니다〉는 사랑하는 조국을 떠나, 언어조차 잘 통하지 않는 한국으로 시집온 여성들에게 포커스를 맞춰 2005년 가을에 추석 특집 파일럿 프로그램으로 제작했다. 신영일, 이금희 아나운서가 진행을 맡고 박건 피디가 담당했던 이 프로그램은 두 팀의 외국인 며느리와 가족, 그리고 마을 주민들이 합심해서 경쟁을 펼친 후, 이긴 팀 가족 5명을 부모형제자매가 기다리는 꿈에 그리던 고국의 친정에 보내주려는 취지에서 제작되었다.

첫 번째 출연자는 필리핀에서 시집온 루시타 칼리나완(41)과 박기송(45) 씨 부부였다. 경북 영덕에 살고 있던 이 부부는 1995년에 결혼하여 아들 한 명과 딸 네 명을 둔 상황이었다. 출연 당시 한복을 처음 입어봤다고 한 루시타 씨는 시어머니가 아들을 바라는 탓에 군내 최다 출산자로 지역신문에 대문짝만하게 실린 이력도 있었다. 또 다른 출연자는 태국에서 전남 나주로 시집온 수파하칸(37)과 전문선(40) 씨 부부였다. 1998년 결혼하여 쌍둥이 아들 포함 3자녀를 둔 이 부부는, 남편이 장애 5급 판정을 받는 바람에 아내가 집안일을 도맡아야 하는 처지였다.

이날 출연한 필리핀과 태국 며느리들은 한국에 온 지 각각 만 10년, 7년이 지났는데도 그동안 단 한 번도 고국에 가보지 못한 처지였다. 지금이 조선시대도 아니고 교통이 불편한 것도 아닌데 무엇이 이들의 친정 가는 길을 막았던 것일까? 어머니 세대보다 더 심한 시집살이를 하고 있는 것이 아닌가. 시집간 농촌집의 살림도 어려웠겠지만, 한국에서 며느리로 사는 것도 정말 힘들었을 것이다.

이 프로그램에서는 출연 가족들의 국기 찾기, 고향 인사법, 고향 요리 등을 맞추는 게임을 비롯해 양쪽 마을 어린이들이 친구들을 위해 벌이는 단체 줄다리기 등과 같이 마을 주민들이 며느리를 친정에 보내주기 위한 활약들이 펼쳐졌다. 코너 사이사이에 낯선 땅에 온 외국인 며느리의 애환과 가족 간의 정, 이웃들의 애정 어린 관심이 담긴 사연과 함께 그 나라의 민속품이나 전통 춤 등도 소개했다. 출연자들은 고향에서 보내온 동생과 어렸을 적 친구의 응원과 격려의 영상편지에 펑펑 눈물을 흘리기도 했다. 마지막 3라운드에서는 두 가족 출연자들이 제주도로 날아가 승부를 벌였고, KBS 스튜디오에서 진행된 최종 녹화에서 결국 루시타 가족이 승리하면서, 전 가족들이 함께 루시타의 고향, 필리핀으로 떠날 수 있는 '친정 길' 필리핀 항공권 5장을 받았다.

아시아 이웃들의 소통으로 하나 되는 이야기

당시 프로그램을 기획하며 조사했던 국제결혼 비율은 11.4%에 달했고, 농촌 기준으로는 무려 27.4%에 이를 정도였다. 심지어 농촌의 경우 향후 6년 이내에 초등학생 4명 중 한 명꼴로 아시아계 결혼 이민자의 자녀로 채워질 거라는 전망이 나오고 있었다. 바야흐로 한국은 국제결혼의 시대를 실감하고 있었다. 그런 추세를 염두에 두고, 그 어떤 채널보다 가장 먼저 발 빠르게 만든 프로그램이 바로 〈러브 인 아시아〉였다.

'한 지붕 아시아인들의 가족 감동 프로젝트! 아시아 이웃들의 소통을 통한 문화 이해와 인식의 품앗이! 하나 되는 사랑으로 완성되는 부부와 가족, 그들의 삶 이야기!'가 당시 내건 슬로건이었다. 〈러브 인 아시아〉는 국경을 넘어 꿈과 사랑을 이루고자 이 땅을 찾은 아시아인들을 따뜻한 시각으로 조명하고, 그들의 삶에 바짝 다가가 그들이 한 가정의 구성원이자 지역사회의 일원으로 인정받는 계기를 마련해주려고 했던 프로그램이다. 제각각의 사연을 싣고 낯선 이국땅으로 시집온 외국인 며느리들이 오늘도 겪고 있는 다양한 현실부터 음식, 언어, 의식 같은 문화적인 차이로 인해 겪게 되는 수많은 시행착오, 우리 사회의 아시아계에 대한 인식 그리고 가족 간의 정, 이웃과 사회의 애정 어린 관심 등을 '러브 인(人) 아시아'라는 이름으로 품고자 했던 것이다.

〈친정 길 프로젝트 – 다녀오겠습니다〉로부터 시작되어 이제 막 둥지를 튼 새 프로그램 첫 방송의 주인공은 필리핀 방가시난에서 시집와 전남 함평군 월야면에 사는 주부 아나벨 수미레카스트로(38)와 가족들이었다. 당시 이 프로그램을 만든 최초 기획자로서 방송시간이나 시청률은 전혀 신경 쓰이지 않았다. 대신 대내외적으로 좋은 프로그램이라는 평가를 받고, 혹시 가능하다면 좋은 상이라도 수상했으면 좋겠다는 것이 솔직한 심정이었다. 그런 우리의 마음이 전해지기라도 한 듯 〈러브 인 아시아〉는 유독 상복이 많았다. 2006년 남녀평등상 최우수 작품상, 2009년 제2회 세계인의 날 국무총리상, 2009년 방송통신위원회 문화다양성 프로그램상, 2009년 제21회 아산상 특별상 등 수많은 상을 수상하면서 여타 방송사에서는 감히 손을 못 댈 정도로 공영방송으로서의 존재감을 드높였고 그만큼 독보적인 위상을 떨쳤다.

공영방송사가 꼭 만들어야 할 프로그램

2006년 5월 25일에는 당시 노무현 대통령이 방송 녹화 중인 충북 청원군을 찾기도 했다. 그곳에 특별한 사연이 있어서라기보다는 한국 농촌으로 시집온 며느리들을 대통령이 격려차 찾은 자리였다고 기억한다. 그때 주인공이었던 에미레 씨는 필리핀에서 온 며느리로, 중풍 걸린 노모를 7년째 봉양하고 있었다. 당시 주민 한마당 잔치에 출연했던 노무현 대통령의 치사가 아직까지 기억에 남아 있다.

"입으로 하는 공치사는 가급적 안 하는 게 좋은데, 솔직한 느낌이니 하겠습니다. 우리 KBS 방송사가요, 참 좋은 일 합니다. 함께 살아가는 모습 보면서… 이런 것들을 쉽게 받아들일 수 있게… 효도는 한국인들만 하는 줄 알았는데, 에미레 씨 하는 것 보니 사람 사는 이치는 다 같구나 하고 느꼈네요."

대통령의 칭찬을 받아서라거나, 여러 곳에서 상을 받아서가 아니라 당시에 꼭 필요했던 것들을 그 누구보다 먼저 앞장서서 했다는 것을 〈러브 인 아시아〉는 여실히 보여주었다. 그것은 바로 공영방송사가 꼭 만들어야 할 프로그램이었다.

〈러브 인 아시아〉는 다문화 가정 프로그램의 원조로 많은 상을 받았다(진행자인 양미경 씨와 정기윤 차장).

다민족에 대한 지속적인 관심으로 1년 후인 2006년 10월 7일에는 특집 '미녀들의 수다'가 방송되었는데, 이 프로그램 또한 정규 방송으로 편성되면서 한동안 인기를 유지했다. 2005년 11월 5일 첫 방송을 한 〈러브 인 아시아〉의 진행은 신영일, 양미경, 표인봉, 김나운 씨가 맡았으며 제작은 정기윤 차장, 이상헌, 최재복, 김진수 그리고 디지컴의 주용범 피디가 맡았었다. 타 방송사에서는 결코 흉내조차 내지 못할 특허권(!) 있는 프로그램이었던 〈러브 인 아시아〉는 10년 동안 55개국 465명이 출연했으며, 2015년 2월 22일 453회를 끝으로 막을 내렸다.

늙은 말의 지혜
〈시니어 토크쇼 황금연못〉

늙은 생강이 맵고, 오래된 간장일수록 그 맛이 진하다. 온고이지신!

비록 꼰대라는 말로 비웃음당하는 처지인지 몰라도, 가끔은 노인들의 현명한 가르침을 통해 세상을 사는 방법과 길을 찾아보려는 자세도 필요할 때가 있다.

기획도 나이를 따라가는 것일까? 살아온 나이만큼 모든 것이 조심스러워지면서 자신감도 곤두박질친다. 무엇보다 새로운 것에 도전한다는 용기를 차츰 잃어가면서 이제 피디 생활을 그만 접어야 하는 것 아닌가 생각하고 있었다. 그때, 마지막이라는 각오로 기획한 프로그램이 바로 〈시니어 토크쇼 황금연못〉이었다.

'세상살이 고수들의 인생학 개론'이라는 거창한 슬로건을 내걸었지만, 사실 아직 창창한 나이에 정년이라는 나이에 막혀 뒷방 노인으로 전락해야 하는 어른들, 구체적으로 나와 같은 억울한 노년들을 위한 자리를 마련하고자 만들었던 프로그램이었다. 〈황금연못〉은 노인들의 인생 이야기를 중심으로 하는 토크쇼다. 모처럼 마음에 들었던 기획안이기도 하고, 또 어쩌면 마지막 기획이 될지도 모른다는 생각에 더 애착이 가는 프로그램이었다.

청춘 노인들의 현명한 가르침

이 프로그램은 '노마지지(老馬之智)'라는 말에서 시작되었다. 동서양 고금을 통틀어 노인들에게서 얻는 지혜나 가르침은 그 어떤 책에서 배우는 것보다 훨씬 더 유용하고 구체적이라는 의미를 담고 있다.

전쟁이 끝나고 돌아오는 길, 때마침 몰아닥친 혹한 속에서 길을 잃고 방황할 때 한 사람이 늙은 말 한 마리를 풀어놓았다. 그 늙은 말은 앞장서서 길을 헤쳐 나가더니 곧 올바른 길을 찾았다. 늙은 말은 이미 같은 길을 여러 번 다녀봐서 그 길을 잘 기억하고 있었기 때문이다. 한비자의 고서에 나오는 말이다. 이처럼 수많은 경험을 거치며 살아남은 노인들의 인생은 억만금의 가치가 있다. 가뜩이나 살기 팍팍하고 어려워진 세상, 노인들의 현명한 가르침을 통해 세상을 사는 방법과 길을 찾아야 할 때이다.

그리스 격언에는 '집안에 노인이 없으면 빌려라'라는 말도 있다. 고구려 때도 이와 비슷한 이야기가 있다. 똑같이 생긴 두 마리의 말을 두고, 어느 쪽이 어미이고 어느 쪽이 새끼인지 구분해보라는 지시를 듣고 고민에 빠졌던 신하가 있었다. 답답한 나머지 노모에게 토로했더니 노모가 바로 대답하되 "일단 두 말을 굶긴 후 여물을 주어라. 그중 먼저 먹는 놈이 새끼이다."라고 알려줬던 것이다. 이렇게 노인들의 지혜나 혜안은 젊은이들을 뛰어넘기도 한다.

사실 우리 시대 노인들은 박수 받고 자긍심을 가져도 마땅한 존재들이다. 그들은 참혹한 전쟁의 상처를 빠른 시일 내에 극복하고 우리의 오늘을 만들어 낸 주역들이다. 가난 극복, 경제 부흥, 조국 근대화, IMF 극복, 민주화에 이르기까지 험난한 인생 역정을 살아오면서, 후손에게만큼은 무지도 가난도 절대 대물림하지 않겠다며 열심히 앞만 보고 살아온 이 시대의 어른들이기도 하다. 이제 일선에서 물러난 그들의 치열했던 삶에 대해 감사의 박수를 보내며 명예와 자긍심을 갖게 해드려야 할 때이다.

'골든 에이지'라고 불리는 그들은 여전히 청춘이다. 58년 개띠 베이비부머 세대들이 본격적인 은퇴를 시작하면서 650만 노인 대열에 합류하고 있다. 의학의 발달로 이룩된 100세 시대, 직장에서 은퇴했다고 삶의 전선에서까지 밀려난 것은 아니다. 젊은이에 비해서도 절대 뒤지지 않는 노력과 실력, 그리고 열정으로 가득 찬 그들. 찬란한 인생 2막을 위해 오늘도 힘차게 달리고 있는 그들은 아직도 청춘이다.

공감과 지혜와 감사가 담긴 코너

이 프로그램 구성의 기본 틀은 〈사랑방 중계〉에서 가져왔다.

첫 번째 코너는 '100인 앙케트 쇼 - 인생톡 공감톡'이다. 평생을 살아온 어른들이 지나온 인생에 대해 느끼는 아쉬움이나 실수, 성공담 등 다양한 인생 경험에 대해 속 시원하게 털어놓는 이야기 고개이다. 매회 한 개씩 설문 주제를 정하고, 그 주제에 맞춘 사전 설문과 스튜디오 토크로 진행했다. 노인 자문단 100인이 인터넷, 메일, SNS 등을 이용해 정해진 설문에 응답하고, 그 결과를 취합해 유사한 내용끼리 분류한 다음 순위를 정했다. 이들의 응답 내용을 직접 또는 셀카 촬영 등을 통해 다양한 방법으로 영상을 확보하고, 이를 유사한 내용끼리 몽타주 편집해서 각 순위마다 인서트로 활용했다.

두 번째 코너는 '어른들의 지혜 - 황금나침판'이다. 젊은이들이 살아가면서 맞닥뜨리는 고민이나 궁금증, 알쏭달쏭한 선택에 대해 노인들이 도움의 말을 전하는 인생 상담 고개이다. 현명한 어른들이 젊은이들의 다양한 고민에 대해 삶의 경륜에서 우러난 명쾌한 결론을 내려주면서 어른들의 지혜를 배운다. 양자택일의 결정을 내려야 하는 문제, 애매한 기준 때문에 헷갈리는 문제들에 대해 인터넷이나 메일을 통해 젊은이들의 질문을 받고, 스튜디오에 출연한 50명의 지혜로운 노인들이 그 질문에 대해 즉석에서 투표를 통해 결정을 내려준다.

마지막 코너는 미니 휴먼 다큐 '사랑합니다, 당신의 세월'로 구

시니어들의 대표 프로그램으로 자리 잡은 〈황금연못〉

성했다. 젊은 세대에게 모범이 되고, 가르침을 줄 만한 우리 시대의 어르신을 소개하는 고개로 정했다. 부모, 스승, 회사의 상사, 인생 선배 등 주변에 있는 자랑스러운 어르신의 일생을 소개하고 싶은 사람의 신청을 받았다. 가급적이면 잘 알려지지 않은 평범한 사람으로 선정했다. 가족과 사회를 위해 그들이 평생 해온 일을 자랑스럽게 소개하고, 그들의 삶이 결코 의미 없거나 헛되지 않았음을 상기시켜 주었다. VCR은 10여 분 분량으로 제작하되, 신청인들이 직접 제작에 주도적으로 참여하는 형식을 취하도록 했다. 마지막에는 오늘의 주인공에게 감사패를 증정했다.

마지막이라고 생각했던 프로그램이 거둔 성공

한동안 노인 대상 프로그램이 아예 없었던지라 녹화장의 분위기는 나름 활기차고 새로운 기대를 품고 있기도 했다. 무엇보다 노인 프로그램이라고 하면 뭔가 고리타분하고 초라할 것 같은 인상이었는데, 산뜻하게 꾸며진 녹화장 세트와 50명 출연자들의 모습은 젊은 출연자들만 나오는 스튜디오에 전혀 뒤지지 않았다. 더구나 녹화 시간이 길어지면 당이 떨어진(?) 노인들이 지쳐서 나약한 모습들만 보여줄지 모른다는 일부 제작자의 우려에도 끝날 때까지 출연자들은 전혀 지친 모습을 보이지 않았다. 무엇보다 그들이 풀어내는 다양한 인생 이야기들은 때로는 웃음을 주기도 했고, 때로는 눈물도 흘리게 하면서 그들이 살아온 세월의 모든 것을 감동 깊게 녹여내 주었다. 첫 번째 성적표는 아침 프로그램으로는 드문 10프로였다. 이후로도 한동안 그 시청률은 절대 떨어지지 않았다. 그러자 방송사에서도 프로그램의 공식적인 성공을 인정해주었다. 나로서는 마지막이라 생각하고 기획했던 프로그램이 성공하면서 피디로서의 자존심에 또 하나의 영예를 기록할 수 있었다.

2015년 1월 3일 첫 방송을 한 〈시니어 토크쇼 황금연못〉은 거의 유일한 시니어 대상 프로그램으로 김홍성, 가애란 아나운서가 진행을 맡았고 지금까지 7년째 방송 중이다.

제 2 부

별난 기억들

이제는 말할 수 있겠지?

"나도 전라돈디요!"
〈사랑방 중계〉와 DJ

필름 시대가 끝나고 손으로 들고 다니며 무엇이든 촬영할 수 있는 ENG 카메라가 본격적으로 등장한다. 이와 함께 TV 프로그램들이 다양한 형태로 비약적인 발전을 시작하게 되는데, 공교롭게도 내가 방송국 생활을 시작한 것도 바로 이 무렵이다. 오로지 지상파 방송국만 있었던 데다가, 지금까지의 흑백 시대를 마감하고 이제 막 칼라 방송이 시작되던 시절이었다.

지금은 그 이름조차 기억하는 사람이 드물 테지만, 우리나라 버라이어티 프로그램의 원조는 단연 〈사랑방 중계〉라고 생각한다. 〈사랑방 중계〉는 〈추적 60분〉과 더불어 한국 방송의 오늘을 만들어 내는 데 가장 큰 기여를 했다. 1983년 2월 26일에 시작한 〈사랑방 중계〉는 1991년 5월까지 장장 8년간 방송되었다. 나는 1985년 5월부터 4개월, 그리고 1987년 1월부터 22개월, 1989년

11월부터 7개월 총 33개월을 〈사랑방 중계〉와 함께했다. 피디로 일하며 가장 오랜 시간을 이 프로그램과 함께하면서 종합구성 프로그램에 대해 많은 것을 배울 수 있었다.

매주 토요일 밤 생방송으로 진행되던 이 프로그램의 모토는 '보통 사람들의 작은 이야기!'였다. 원종배 아나운서와 영화평론가로 유명했던 정영일 씨, 그리고 오리 전택부 선생님이 함께 진행했다. 본격적인 토크 쇼의 원조이자 종합구성 프로그램의 모든 요소를 갖추고 있었던 방송이 아니었나 싶다. 1988년 12월 300회 특집을 할 때 만든 소책자에 제작진은 이렇게 썼다. "〈사랑방 중계〉는 '가르치는' 프로그램이 아닙니다. 신나서 떠들썩하게 '즐기는' 프로그램도 아닙니다. 새로운 정보를 신속하게 '알려주는' 프로그램 또한 아닙니다. 저희들이 300회 동안 끊임없이 이어오고자 했던 하나의 방향이 있었다면, 그것은 보통 사람인 우리가 서로를 '발견하고' 서로를 '느끼고', 우리가 만들어가는 세상을 보통 사람처럼 '생각하는' 프로그램이 되고자 했던 것뿐입니다. 〈사랑방 중계〉는 앞으로도 작은 프로그램이 될 것입니다. 그러나 그 작다는 것에 진실로 긍지를 느낄 수 있는 그런 프로그램이 되기 위해 힘을 다하겠습니다."

생방송의 묘미를 살린 '10문 10답'

초창기에 〈사랑방 중계〉를 만들어 냈던 1세대 제작진들이 떠난 뒤 나와 노윤구, 김성환 그리고 함형진 피디가 새로운 피로 수혈된 팀이었다. 그때 만들어진 새로운 코너가 바로 '10문 10답'이다. 그 전에는 '이래서 이웃', '다섯 고개', '사랑방 실험실', '금주의 인물' 4개의 코너가 방송되었다. 우리는 그때까지 가장 인기 있었던 '다섯 고개'를 없애고, 그 대신 '10문 10답'이라는 새 코너를 만드는 파격을 감행했던 것이다.

10문 10답은 매주 화제의 인물을 섭외한 뒤 시청자 100명의 설문조사를 통해 출연자에게 묻고 싶은 질문 200개를 수집하고, 그중 빈도수가 높은 10개를 선정해 시청자가 직접 질문하는 형식으로 구성했다. 질문 내용은 출연자에게 사전 통보하지 않고, 생방송을 진행하면서 시청자가 질문하는 영상을 내보내며 즉석에서 묻는 식이었다. 출연자는 각 질문에 30초 이내로 대답해야 하지만, 제한된 시간이 지나면 자동으로 다음 질문으로 넘어간다. 출연자가 누구든 질문 내용을 사전에 일절 알려주지 않는 것이 이 코너의 핵심이었으며, 생방송으로 진행되는 〈사랑방 중계〉의 특성을 가장 잘 살린 기획이었다고 자평한다. 사전 녹화 인터뷰를 생방송으로 진행하는 것도 얼마든지 가능할 것 같지만, '10문 10답' 코너가 시작되면 이미 녹화한 시청자 질문 영상이 중단 없이 계속 송출되기 때문에 출연자로서는 상당히 부담스러운 코너였다. '사전 녹화 시청자 질문-출연자 30초 이내 즉석 답변-다음 사전 녹화 시청자 질문-출연자 30초 이내 즉석 답변'의 순서로 10개의 질문과 답변이 계속 이어지기 때문에 출연자가 머뭇거리거나 제때 대답하지 못하면 꼼짝없이 다음 질문 영상이 송출되는 난감한 상황이 벌어졌다. 출연자가 답변할 때는 30초 내내 초침 소리가 들려와 긴장감을 고조시켰다.

당대 이슈의 주인공인 출연자, 날카롭고 때로는 무척 곤혹스러워 즉석에서 답변하기 난감한 질문들, 그리고 방송 전에는 절대 질문 내용을 알려주지 않는 고약한 규칙 때문에 '10문 10답'은 늘 화제의 중심이 되곤 했다.

10문 10답 코너의 첫 회 출연자는 영화배우이자 국회의원이었던 최무룡 씨였고, 만화가 고우영, 미스코리아 장윤정, 영화감독 이장호, 씨름 선수 이만기, 안무가 공옥진, 가수 이남이 등이 출연했던 기억이 난다. 당시 청문회 스타였던 노무현 국회의원도 출연했었다.

10문 10답에 출연했던 그들의 질문지 중 기억나는 몇 가지를 소개해본다.

첫 출연자였던 최무룡 의원에게는 "최 의원님도 책을 좋아하실 것 같은데, 가장 최근에 읽은 책은 무슨 책이신지요. 아울러 간단한 독후감도 부탁드립니다."라는 무난한 질문이었다.

18살 나이에 신데렐라처럼 미스코리아가 된 장윤정에게는 "미인 대회 때는 수영복 심사도 하기 때문에 학생 신분에는 맞지 않는 것 같습니다. 고등학생이라는 신분을 감추고 미스코리아에 나가야 할 만한 절실한 이유가 있었는지요?"라는 날카로운 질문이었다.

청문회에서 다부진 선량의 모습을 보였던 국회의원 노무현에게는 "청문회에서 정주영 증인에게 존경한다고 말씀하신 걸로 기억하는데 진심으로 말씀하신 겁니까? 존경할만한 기업가의 조건은 무엇이라고 생각하시며 정주영 회장이 과연 그에 부합된다고 믿으시는 것인지 묻고 싶습니다."라는 의미심장한 질문을 던졌다.

정치인을 출연자로 섭외하면 생기는 일

제작진은 당시 '10문 10답'의 출연자를 선정할 때 나름의 원칙을 세웠다. 비중의 크고 작은 정도를 따져서 출연자를 선정하지는 않았지만, 항상 유명인사만 섭외할 수는 없었다. 그래서 나름대로 출연자를 섭외하는 원칙을 세웠다. 강한 출연자, 중간급 출연자, 비교적 약한 출연자의 순서로 내보낸다는 계획을 세운 것이다. 새로운 프로그램이나 코너를 기획해본 사람은 잘 알겠지만, 결과를 기다리는 심정은 혀를 바싹 마르게 한다. 이제 막 민주화의 싹이 트기 시작하던 무렵, 프로그램 홍보를 위해 조금 더 강력한 출연자가 필요하다고 생각하던 어느 날 성사될 수 있을 거라고는 전혀 기대하지 않은 채 헛일 삼아 DJ를 섭외하기 위해 평화민주당 쪽에 연락을 취했다. 사건이 일어난 건 그때부터다. 지금까지 뉴스 이외의 일반 프로그램에는 단 한 번도 출연하지 않았던 DJ 측에서 "선생님께서 출연하시겠다고 하십니다."라는 답변을 보내온 것이다. 정작 당황한 것은 제작진이었다. 섭외가 안 될 거라 생각하고 시작한 일이어서 상부에는 전혀 보고가 안 된 상태였다. 지금은 유력 정치인을 출연자로 선정하는 데 그렇게 큰 부담이 없지만, 당시만 해도 그 정도 급의 출연자는 본부장급 정도가 나서야 할 상황이었다. 어쨌거나 섭외가 된 이상 차장, 부장, 국장, 본부장까지 계속 보고가 올라갔다. 윗분들의 속마음이야 알 수 없었다. 어쨌든 결과는 출연하는 것으로 결정이 났다. 모든 준비는 차질 없이 진행되었다. 심지어 원종배 엠시가 직접 출연해 제작하던 방송 예고편도 황금시간대에 2번이나 송출되었다. 그런데 잘 나가던 예고편이 갑자기 중단되는가 싶더니, 급기야 DJ 출연이 불가능해졌다는 소문이 들리기 시작했다. 들려오는 말로는 뒤늦게 DJ의 방송 출연 사실을 알게 된 모처에서 이를 급하게 저지했다는 것이었다. 제작진에게 말하기로는 '방송 시점이 DJ의 송환 시점과 같기 때문에 DJ 측에서 이를 정치적으로 이용할 우려가 있어서 막은 것'이라고 했다. 평화민주당 측에서는 '이는 분명한 방송 탄압이며, 예정했던 방송에는 무슨 일이 있어도 출연하겠다'는 의사를 분명히 했다. 결국 담당 차장과 본부장이 평민당에 사과 방문하기에 이르렀고, 피디협회에서는 이 문제에 대응하기 위해 대규모 회원 총회까지 열었다. 최종적으로 제작진에게 통보된 것은 4당 총재 중 3개 당의 대표를 후속으로 섭외한다면 방송할 수 있을 거라는 내용이었다. 결국 그주 토요일 생방송은 DJ가 출연하지 못한 탓에, 10문 10답 코너가 빠진 채로 25분 정도만 진행되었다.

이 문제는 정치적 쟁점으로 떠올랐다. 방송국 간부진이 정치적 해결을 모색하는 과정에서 3김과 노태우 후보를 모두 공평하게 섭외한다면 허락하겠다는 쪽으로 기울었다. 어차피 벌어진 일, 뒷수습에 들어간 우리들은 다시 3당 총재 섭외에 나섰다. DJ와 JP

원종배 아나운서와 소설가 강유일 씨가 진행했던 〈사랑방 중계〉

는 곧바로 출연 의사를 밝혔는데, YS 쪽에서는 답변을 미적미적 미루고 있었다. 결국 2~3주 후에 DJ가 출연한 다음에 이어서 JP가 출연했고, YS는 끝내 출연하지 않았다.

당시에 이 사태를 두고 주변에서 이런저런 소문들이 들렸다. 가장 황당하면서도 경악스러운 소문은 이번에 DJ를 섭외한 제작진이 전부 전라도 사람들이라는 것이었다. 이 소문을 듣고 나서야 우리 제작진들의 출신을 다시 살펴보았다. 나는 전북 전주였고, 노윤구 피디는 전남 장흥, 김성환 피디는 전북 무주…, 출산 때문에 마침 〈사랑방 중계〉를 비운 김옥영 메인 작가를 대신해 투입된 박은희 작가 역시 전남 영암이었다. 마지막으로 막내 피디로 파견 나와 있던 함형진 피디에게 고향을 물었더니, 웃으면서 "송정리요." 하는 게 아닌가. "너도 역시 광주구나." 하면서 헛웃음 짓고 말았는데, 알고 보니 강원도 출신이면서 장난삼아 했던 말이었다. 아무려면 피디나 작가들이 어떤 정치적 의도를 가지고 출연자를 섭외했겠는가. 요즘 말로 웃픈 현실을 보여준 사건이 아니었나 싶어 씁쓸했다.

방송의 달인, DJ

우여곡절 끝에 출연한 평민당 총재 DJ에게 시청자가 던진 용감한(?) 질문 하나가 생각난다.

"우리나라 야당은 보스 중심으로 운영이 되어서 새로운 인물이 나오기 어렵다고 합니다. 역량 있는 후진과 새로운 정치를 위

10문 10답에 출연 중인 DJ

해서 제2선으로 물러날 용의는 없으신지요. 만약 물러난다면 그 시기를 언제쯤으로 생각하고 계십니까."

원체 유명한 달변이자 웅변가인 DJ는 정말 최고의 출연자임을 다시 한번 확인시켜 주었다. 특히 30초의 제한시간을 너무나 딱 맞추는 것이 신기할 정도였다. 방송이 끝난 후 보좌관에게 그 비법을 물었더니 두 손가락을 사용해서 시간을 가늠하셨다고 전해 주었다. 즉 30초에 맞추기 위해 오른손가락으로 10초를 세고, 왼손가락으로 10초를 센 다음, 20초가 지나면 오른손가락을 다시 한번 세면서 시간을 맞췄다고 하니 더 이상 무슨 할 말이 있으랴.

DJ 섭외와 출연에 이르기까지 갖은 우여곡절을 겪느라 억울한 마음에 입사 후 처음으로 펑펑 울었던 기억이 남아 있을 정도로 맘고생을 톡톡히 했었던, 정말 잊지 못할 그런 사건이었다.

당시 10문 10답에 출연했던 분들은 이 코너를 통해 오히려 본인들이 처한 상황에 대해 변명할 수 있는 기회가 주어졌다는 사실에 더 반가워했었다는 기억도 난다.

나는 1989년 11월 새로운 프로그램을 맡아 〈사랑방 중계〉를 떠났고, 그 뒤로도 한참 이어진 〈사랑방 중계〉는 1993년 5월에 막을 내렸다.

"아직도 헷갈려!"
유리 겔러 쇼

나이가 좀 든 사람이라면 당연히 기억하겠지만 '유리 겔러'라는 사람이 있었다. 스스로 초능력을 가졌고 신통력이 있다고 주장하는 유태인이었는데, 1984년 9월에 한국에 왔었다. 더 정확히 이야기하자면 한국에 와서 KBS에서 생방송 마술 쇼를 했었다.

그때 나는 유리 겔러 생방송 팀의 막내 PD, 그러니까 조연출 중 한 명으로 참여해 생방송이 진행되는 동안 플로어에서 유리 겔러가 하는 모든 행동을 지켜보는 진행 도움을 맡았었다.

시청률 조사가 없었던 시절이지만, 만약 그때 조사를 했다면 전무후무한 기록을 남기지 않았을까? 거짓말 좀 보태면 아마 거의 전 국민이 시청하지 않았을까 싶다.

코엑스와 남산, 어린이대공원 등 서울 시내 5곳에 중계차를 보냈고, 전국 각 지역에도 중계차를 열어놓고, 저녁 7시 반부터 9시까지 생방송으로 진행했었다. 생방송 중 어디에서든 뭔가 새로운 일이 생기면 바로 서울 본사로 연결되게끔 해 놓았다. 당시 진행을 맡은 엠시는 황인용과 왕영은이었다.

생방송 마술 쇼에서 벌어진 일

혹시 기억 나는 사람들이 있을지도 모르겠다. 집에 있는 숟가락 한 개씩 들고 TV 앞에 앉아 손잡이 부분을 열심히 문질렀던 기억 말이다! 유리 겔러는 그렇게 하면 멀쩡한 숟가락을 굽힐 수 있다고 주장했다. 당시 TV 공개홀에서 직접 생방송에 참여했던 방청객만 400여 명이었는데, 그들 중에도 숟가락을 구부리는 사람들이 나타났었다.

그와 관련된 쓰라린 기억 하나도 떠오른다. 공개홀에 참석한 400여 명 정도의 방청객 모두에게 실험에 참여할 수 있도록 숟가락을 줘야 하는데 갑자기 400개의 숟가락을 구할 데가 없었다. 그래서 지하식당에 내려가 어렵사리 숟가락들을 빌려 왔는데, 방송이 끝난 후 방청객들이 KBS 로고가 새겨진 숟가락들을 그냥 가져가는 바람에 완전 혼났던 기억이 난다.

또 한 가지는 모두가 악을 써댔던 "움직여!"라는 외침. 당시 집에 있는 시계 중 고장 난 시계가 있다면, TV 앞으로 가져와 함께 "움직여!"라고 소리치라고 했다. 유리 겔러는 그러면 움직이지 않던 시계가 즉시 고쳐질 것이라고 장담했었다. 그래서 그날 전국의 거의 모든 가정에서는 "움직여!"라는 소리가 거의 동시에 울려 퍼졌었다.

역시 그 당시 직접 겪었던 또 다른 기억 하나, 방송 종료 후 사무실에 들어왔을 때 웬 젊은 아줌마가 다급한 목소리로 전화를 걸었다.

"조금 전 방송에 나왔던 그 사람, 언제 다시 오나요?"

"왜 그러시죠?"

"아뇨. 우리 아이가 멀쩡한 아빠 손목시계를 들고 뭐라고 소리치더니만 잘 가던 시계가 그때부터 갑자기 안 간다고요!"

"네?"

바로 눈앞에서 사람 헷갈리기 시작하는데 정말 대책 없었다.

유리 겔러는 멀쩡한 씨앗을 손바닥에 놓고 몇 번 비비더니 즉석에서 싹을 틔우기도 했고, 고정된 나침반을 움직이기도 했다. 또 생방송 도중 갑자기 금목걸이를 구해달라고 해서 전화 받는 아르바이트로 참여했던 여학생에게 급히 금목걸이를 구해서 주었는데, 유리 겔러가 그 목걸이를 손으로 몇 번 문지르니 금덩어리, 아니 금 찌꺼기로 변해 버리기도 했다. 때마침 패널 중 한 명으로 참여했던 김정흠 고려대 교수가 못 믿겠다며 분석해보겠다고 갖고 가는 바람에 아주 난처한 지경에 빠지기도 했었다.

당시 현장에는 유명 탤런트를 비롯한 열댓 명의 패널도 있었는데, 생방송을 시작하기 전 유리 겔러는 출연자 중 여자 출연자 한 명을 선정해서 미리 그린 그림 하나를 그 사람의 품 안에 넣어두도록 요청해 놓았다. 당연히 유리 겔러는 누가 어떤 그림을 그렸는지 전혀 모르는 상황이었다. 이윽고 순서가 되었을 때, 유리 겔러는 '어떤 분이 했느냐' 라고 물었고. 그 탤런트가 나오자 신기하게도 품 안에 보관되어 있던 그림과 유사한 그림을 비슷하게 맞히기도 했다.

또 골프채를 맨손으로 휘어놓겠다고 준비를 부탁했는데, 방송이 끝나고 방청객 중 한 명이 그냥 들고 가버리는 바람에 결국 그 골프채 값을 물어줘야 했었다. 당시에는 골프채 값이 상당히 비쌌는데 별 수 없었다. 어쨌든 내가 직접 보고 듣고 겪었던, 그리고 내 눈앞에서 벌어진 놀라운 일들은 아직까지 기억에 남아 있다. 중인환시리에 벌어졌던 그 모든 일들을 어찌 믿지 않을 수 있었겠는가?

귀신에 홀린 듯한 기억

어쨌거나 방송은 무사히 끝났다. 나중에 〈썬데이 서울〉이었나, 그 비슷한 연예 주간지에서 유리 겔러가 어느 나라에서 사기꾼으로 몰려서 구속되었다는 기사를 본 것도 같다.

그런데 왜 갑자기, 그때 유리 겔러가 한국에 왔었던 걸까? 터무니없는 주장이고 절대로 아닐 거라고 생각은 하지만, 당시 떠돌던 소문이 있어 우스개 삼아 얘기해본다.

당시는 북한이 파놓은 땅굴이 자주 발견되던 어수선한 시대였다. 1호 땅굴, 2호 땅굴… 몇 호까지 갔었는지 기억은 안 나지만 아무튼 땅굴이 더 있다는 이야기는 들리는데, 아무리 찾아도 도저히 발견이 안 되고 있었다. 그때 누군가가 "저기… 외국에 기가 막힌 신통력을 가진 마술사가 있다는데, 그 사람을 불러서 더 숨겨져 있을지도 모를 땅굴을 찾아내게 하는 게 어떻겠느냐?"는 주장을 했다는 것이다. 그렇게 해서 유리 겔러가 한국에 오게 되었다고 하는데, 당시 그가 요구했던 조건이 바로 생방송 프로그램에 출연하는 것이었다는 후문도 있었다고 하니 이 이야기를 믿어야 할지 말아야 할지는 여러분의 판단에 맡기겠다.

당시 유리 겔러는 사전에 약속했던 마술들을 많이 하지는 못했다. 결국 대기하는 시간이 너무 길어지는 바람에 9시 뉴스를 20여 분가량 늦추기까지 했다. 그때는 그런 것들이 가능했었던 모양이다. 이원홍 사장이 재임하던, 군사정권 시절이었으니까 혹시 그런 것들이 가능했었는지도 모르겠다. 아무튼 두고두고 생각해도 귀신에 홀린 것 같았던, 그래서 아직까지도 헷갈리는 독특한 기억으로 남아 있다.

시대가 낳은 코미디

그런데 얼마 전 우연히 보게 된 종편 채널의 한 프로그램(〈이제 만나러 갑니다〉)에서 40여 년 만에 비로소 괴소문의 전말을 확실히 알게 되었다. 이 프로그램에 출연한 당시 땅굴 탐사 담당자(예병주 대령)가 제4땅굴 발견 과정을 설명하면서 당시 노태우 대통령에게

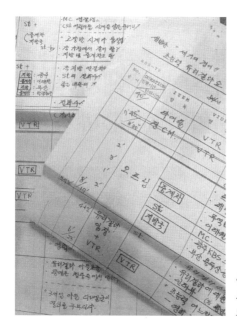

〈유리 겔러 쇼〉 당시 직접 썼던 큐시트 원본(그때는 컴퓨터가 없어서 모두 필사해야 했다)

아마 5~7개 정도가 더 있을 것이라는 보고까지 했었다는 이야기를 들려주었다. 땅굴 발견에 대한 다양한 얘기들을 하면서, 현재 이스라엘에 살고 있다는 유리 겔러를 직접 위성으로 연결하더니 내한했던 당시에 강원도 양구 지역에 땅굴 발견 차 갔었노라 말하면서 현장 탐사 사진까지 보여주는 것이 아닌가. 결국 나의 궁금증은 이렇게 해결되었지만 지금 와서 돌이켜보니 비록 서슬 퍼런 군사정권 시절의 이야기이긴 하지만, 어쨌거나 아무리 생각해봐도 이 또한 코미디 같은 일이 아니었었나 생각된다.

〈주니어 여름 캠프〉에서
〈퀴즈탐험 신비의 세계〉까지

1984년 여름, 30분짜리 데일리 프로그램인 〈영 스튜디오〉라는 청소년 대상 프로그램을 맡고 있을 때였다. 여름방학을 앞두고 있었던 당시, 방학 특집으로 새로운 청소년 데일리 프로그램을 제작하라는 오더가 내려왔다. 데스크는 당시 어린이 프로그램을 맡고 있던 L차장이었고, 인형극을 하고 있던 S선배와 내가 조연출로 합류하게 되었다. 기획 의도는 방학을 맞은 청소년들에게 뭔가 도움이 될 수 있는 프로그램을 만들라는 것이었다. 방송시간은 매일 아침 8시부터 9시까지 1시간이었고, 엠시는 이계진 선배가 맡았다.

생전 처음 본 신기한 영상

사실 새 프로그램을 만든다는 것은 쉬운 일이 아니다. 준비 기간도 거의 없이 갑자기 떨어진 오더라서 난감하기만 했다. 고작 생각할 수 있었던 것은, 영상 자료실에서 청소년들에게 도움이 될 만한 자료를 찾아 전문가가 그것을 해설해주는 가장 쉬우면서도 보편적인 것을 하기로 우선 결정되었다. 좀 더 나은 자료 화면을 찾기 위해서 EBS의 교육 자료들을 빌려오기도 했었다. 예컨대 '레이저 광선의 비밀'이나 '첨단 과학의 세계' 같은 것들이었다.

딱딱한 내용이니 당연히 재미가 없을 수밖에⋯. 그러던 차에 당시 부장님께서 60분짜리 유매틱 테이프 한 개를 던져주면서 이렇게 말씀하셨다. "이런 프로그램을 한번 해보란 말이야⋯."

그때 우리가 받았던 것은 일본의 동물에 관한 퀴즈 프로그램 자료로 선배들과 함께 그것을 보는 내내 입을 다물 수 없었다. 세상에나 나는 그때까지도 물속을 헤엄치는 새의 영상을 본 적도, 아니 그런 새가 있다는 이야기조차도 들어본 적이 없었다. 그런데 그 테이프 속에는 그런 세계가 담겨 있었다.

새, 동물, 짐승⋯ 뭐 그런 것들의 생태를 보여주다가 화면을 정지해놓고, 거기에서 문제를 출제한다. 예를 들어 폭포수 앞에서 날아다니는 새의 영상을 보여주다가 정지해놓고 "이 폭포수의 안쪽 동굴에 새의 집이 있다. 그렇다면 저 새는 어떻게 자기 집에 찾아 들어갈까?" 하는 문제를 제시하는 식이다. 그러면 스튜디오에 출연한 5명의 패널이 각자의 근거를 대며 다양한 대답을 내놓는다. 그런 다음 정답 화면을 보여주며 누가 맞췄는지 평가하는 것이다. 이쯤 설명하면 어디에서 많이 본 프로그램 같지 않은가? 바로 〈퀴즈탐험 신비의 세계〉, 아니 〈와꾸와꾸 동물랜드〉라는 일본 방송이다.

재미를 베낄 수 있을까?

아무 말 없이 시사를 마친 선배는 "야…, 우리 이거 그냥 바로 내자."라고 했다. 그래서 편집 작업을 시작했다. 편집 작업이라고는 했지만 사실은 통째로 베끼는 일이었다. 지금처럼 저작권이 칼같이 살아있는 시절이었다면 절대로 엄두도 내지 못할 일이지만, 40여 년 전에는 아직 그렇지 않아서 그나마 가능(?)했다. 그 테이프는 당시 온 에어 방송분을 녹화한 자료라서 일본어 내레이션과 자막이 그대로 들어 있었다. 별수 없이 자막이 나오는 부분은 그 직전에 스톱모션을 걸어 정지 화면으로 처리하고, 꼭 들어가야 하는 화면은 자막 위에 네모난 박스를 만들어 그 위에 한글 자막을 다시 덧씌우는 방식으로 작업했다. 그렇게 해서 만든 인서트 화면을 모아서 녹화에 들어갔다. 이 화면으로 녹화한 첫 번째 출연자는 이상무 화백과 가수 최혜영 씨 등 네 명이었던 것으로 기억한다. 녹화하는 내내 출연자들은 듣도 보도 못했던 이상한 화면들로 인해 완전히 그로기 상태가 되었다. 녹화를 끝내고 나오면서 평생 만화를 그렸던 이상무 화백이 "세상에 이렇게 재미있는 프로그램은 처음 봤다"라고 할 정도였다. 그럴 수밖에 없었다. 나름 방송 전문가인 우리도 그랬는데 일반 출연자들이야 오죽했을까.

문제는 그다음이었다. 우리가 받은 테이프는 그 샘플 하나뿐인데, 바로 다음 날에도 방송이 나가야 한다는 사실이었다.

자료 영상에서 발굴한 해괴한 문제들

다시 앞으로 돌아가서, 우리는 이미 전문 정보가 담긴 자료 화면을 찾아서 전문가를 모셔와 딱딱한 해설과 함께 내놓는 방송을 만들고 있었다. 한번 재미있는 것을 경험하고 나면, 다른 시시한 것을 볼 때 곧바로 싫증이 나는 법이다. 몇 번 그런 일을 겪고 나자 다른 방법을 찾아보기로 했다. 그래서 우리는 영상 자료실에 보관되어 있는 자료 테이프들 중에서 동물 관련 영상들만 찾기 시작했다. 우리가 직접 문제를 만들고 똑같이 한번 해보자는 것이었다. 그때부터 자료실에서 영상 자료를 찾는 일이 나의 고정적인 업무가 되었다.

매일 스튜디오 녹화가 끝나는 시간은 대략 오후 4시경이었다. 점심 겸 저녁 식사를 하고 나면 나와 작가는 10여 개 정도의 헤리칼 테이프를 빌려 편집실로 향했다. 그때부터 60분짜리 테이프를 계속해서 돌려보면서 문제를 낼 수 있을 만한 화면을 찾아내는 일을 계속했다. 당시 찾았던 영상은 주로 〈동물의 왕국〉 류의 자연 다큐 프로그램들이었다. 어떤 것이든 신기한 그림이나 익사이

팅한 그림, 동물들과 관련된 내용들은 모두 점검 대상으로 체크해놓고 예비 문제들을 만들었다. 그러면 다음 날 선배들이 나와서 우리가 미리 찾아놓은 영상과 출제 문제들을 보고 방송할 내용을 결정한 다음, 즉석에서 문제 화면을 제작하는 식이었다. 지금 같으면 결코 상상도 못 할 일이었지만 당시에는 그것들을 해냈다.

그래서인지 정말 해괴한 문제들이 많이 출제되었다. 예컨대 '재규어와 악어가 싸우면 누가 이길까?' 같은 문제다. 정답부터 말하자면, 우리가 이미 확보하고 있는 화면에서 나온 상황이 바로 그 정답이었다. 즉 우리가 확보한 자료 속에서 재규어가 도망갔다면 재규어가 지는 것이다. 이 부분에 대한 보완 설명은 스튜디오에 출연한 김정만 전문가 선생님께서 잘 해결해주셨다. 원래 달변이신 선생님은 기가 막히게 제작진의 의도를 알아채시고 "이제 조금 있으면 저 재규어가 물러날 것입니다."라고 하셨다. 그러면 100퍼센트 재규어는 물러나게 되는 것이다. 왜냐고? 우리가 가진 자료는 그 화면밖에 없었으니까. 아무튼 그런 방식으로 한 회 한 회 녹화가 진행되었다. 매일 2시경에 녹화가 들어가다 보니 점심을 굶는 일은 예사였다. 매일 출연할 4명의 패널들을 섭외하는 것도 쉬운 일은 아니었다. 별도 내레이션 작업이나 사전 음악 작업도 없이 녹화하면서 모든 것을 완성하는 방식이었다. 그런 점에서 마치 생방송처럼 맛깔난 내레이션을 하던 이계진 선배는 정말 뛰어난 엠시였다.

그렇게 탄생한 프로그램의 원조는?

이런 과정을 거치며 만들어진 방송은 후반 편집 작업도 없이 바로 테이프 보관실로 넘어가 그다음 날 아침에 방송을 탔다. 하지만 또 문제가 생겼다. 바로 자료 화면의 한계였다. 우리가 보유하고 있던 동물 영상은 그렇게 많은 편이 아니었다. 그래서 범위를 더 확대하기 시작했다. 식물의 세계, 곤충의 세계… 사람만 빼놓고 거의 모든 동식물들이 다 출연하게 되었다. 그런데 그것마저도 바닥을 보이자, 이제는 오지에 사는 사람들로 소재를 넓혀갔다. (이때 찾아 봤던 테이프의 내용들은 훗날 〈다큐멘터리 극장〉을 할 때나 〈지구촌 기행〉을 제작할 때 정말 큰 도움이 되어주었다.) 스튜디오에서 퀴즈를 풀고 토크하는 패널은 마침 여름철이라 쉬고 있던 하일성 위원과 유독 지적인 욕구가 강했던 허영만 화백 등이 고정 출연했고, 여자 패널들만 두 명씩 교체 출연했다. 엉뚱하고 기발한 생각을 자주 하던 하 위원과 모든 것에 해박한 지식과 관심을 보여주던 허 화백의 기묘한 조합은 프로그램의 맛을 십분 살려주는 감초들이었다.

그렇게 한 달 반이 지났고, 여름방학이 끝나면서 한시적으로 방송되었던 〈주니어 여름 캠프〉 또한 종료되었다. 그리고 이어지는 가을 개편에서 이 프로그램이 고정 편성되는 것으로 결정되었다. 일본의 〈와꾸와꾸 동물랜드〉의 판권을 사서 방송하는 것으로 결정된 것이다. 그런데 시간이 임박하다 보니 서류 절차가 미처 완료되지 않은 상태에서 방송을 해야 하는 사정이 생겼다. 그러다 보니 상황이 급해진 새로운 작가가 나를 찾아왔다.

계약이 완료될 때까지는 어쩔 수 없이 예전 자료들로 방송해야 하는데, 혹시 전에 사용하던 자료 페이퍼 목록이 있는지 물어온 것이다. 대부분의 자료는 폐기했고 극히 적은 양의 자료들만 남아 있어서 얼마나 아쉬웠던지…. 어쨌든 계약이 완료될 때까지, 새 프로그램은 이전에 내가 해왔던 것과 똑같은 방식으로 제작해야 했다. 그렇게 해서 탄생한 프로그램이 바로 〈퀴즈탐험 신비의 세계〉이다. 어떻게 보면 〈주니어 여름 캠프〉가 사실상 원조가 아닐까?

〈퀴즈탐험 신비의 세계〉가 성공한 이후로, 방송가에서는 〈문답풀이 풍물기행〉, 〈퀴즈여행 지구가족 출발〉 같은 '비디오 퀴즈'라는 새로운 장르가 한동안 인기리에 제작되었다.

평양역의 닭 울음소리

멀리 동이 터오기 시작하는 여명의 시각, 기차 레일과 기관차에서 뿜어져 나오는 연기…. 새벽밥을 먹고 기차로 통학하던 고교 시절에 자주 봤던 풍경이다. 그런데 여기가 어디지? 맞다. 여기는 분명 북녘 땅이다. 그리고 저 창 너머로 멀리 보이는 곳은 바로 평양역. 거짓말이 아니라 사나흘 동안 새벽마다 항상 꿈같이 헷갈렸었다.

원하면 지구상 어디라도 갈 수 있는 시대가 되었지만 그렇게 할 수 없는 유일한 나라, 북한!

나는 지금 북한에 있다. 아침마다 나를 깨우는 저 소리는 분명 아침을 알리는 닭의 울음소리이다. 분명 가까운 민가에서 키우고 있는 것이겠지. 시커먼 어둠을 뚫고 들려오는 닭의 울음소리는 묘한 정겨움을 전해 주었다.

평양에 가게 된 이유

프로그램을 제작하는 피디 입장에서는 꼭 해보고 싶은 프로그램이 있기 마련이다. 이번 프로젝트 또한 한 피디의 염원에서 시작되었다. 그 피디는 바로 김한곤 피디이고, 그 프로젝트는 남북 방송 교류 사업이었다. 〈긴급구조 119〉를 함께 제작하기도 했던 김 피디는 언젠가 사석에서 그와 비슷한 소망을 이야기한 적이 있다. 몇 년이 지난 후 여러 난관을 이겨낸 김 피디는 마침내 거대한 프로젝트를 성사시켰다. 하고자 하는 의지가 있다면 무엇이든 이룰 수 있는 정신력의 힘에 대해 다시 생각하게 된다.

어쨌든 김 피디를 비롯한 여러 관계자들의 노력 덕분에, KBS는 21세기를 여는 2000년 추석에 대규모 방송 스태프와 함께 백두산 천지에서 생방송 〈백두에서 한라까지〉라는 방송 역사상 금자탑이 될 만한 특집방송을 할 수 있었다. 그리고 2년이 지난 지금, 또 하나의 새로운 프로젝트를 위한 협상단의 일원으로 이곳 평양에 오게 된 것이다.

평양에서의 〈전국노래자랑〉, 평양에서의 KBS 교향악단 콘서트, 남북공동 발굴 다큐 〈발해〉 제작, 그리고 드라마 〈제국의 아침〉의 백두산 천지 촬영 등이 이번 프로젝트의 핵심 내용들이었다. 속으로는 내심 남북 합작 청소년 프로그램 제작에 대해서도 상상했지만 언감생심 절대 불가능에 가까운 일이었다. 그래서 6명의 협상단과 최재성, 김상중, 전혜진 등의 연기자와 스태프까지 모두 16명의 팀이 꾸려졌다. 베이징을 거쳐 고려항공으로 가는 여정 대부분이 초행길이었다. 베이징에서 하루 머물 때, 비로소 몇 가지 주의사항이 전달되었다. 안내원을 부를 때의 호칭, 사진 촬영 시 주의사항, 호텔 숙박 시 지켜야 될 매너 등 모두 몇 페이지가 되는 분량이었다.

낯선 북한 땅에서

1월 22일, 고려항공 비행기 트랩에 올라 북한 승무원들의 안내 방송을 들을 때까지만 해도 실감이 안 났다. 그 이유는 아마도 우리들 또래라면 기억할 반공교육 덕분에 눈이라도 마주치면 곧바로 잡혀가지 않을까 싶어 가급적 시선을 피했기 때문이 아니었을까 싶다.

뉴스에서만 보던 순안 비행장의 썰렁한 공항 풍경은 그렇지 않아도 매서운 북녘의 겨울 혹한을 제대로 보여주는 듯 문자 그대로 살풍경했다. 버스를 타고 가면서 간혹 보이는 북한 풍경 또한 별반 다르지 않았다. 아마 추위 때문에 막아 놓았을 것 같은 아파트의 비닐 창문들이 그런 생각을 배가시켰다.

체크인도 하기 전에 가장 먼저 방문해야 하는 만수대 동상 참배. 어차피 통과의례라고 생각해 대부분 별 의미를 두지 않아서 일행 중 한 명이 뒤로 빠졌다. 마침 그것을 눈여겨본 북측 안내원 때문에 잠시 실랑이가 일기도 했다. 숙소는 고려호텔이었다. 방에 들어와서 TV를 켰을 때 비로소 평양에 왔다는 것을 실감하게 되었다. 그것은 채널 속 화면이 아주 낯설고 어색했던 때문이리라. 잠을 설치고 난 바로 이튿날 새벽, 나는 닭 울음소리에 눈을 떴고 평양역의 여명을 보았다.

아침 식사 때 M국장에게 새벽에 줄넘기를 하려고 호텔 밖으로 나섰다가 아예 통행 금지라며 저지를 당해서 결국 못하고 들어왔다는 이야기를 들었다. 새삼 이곳이 결코 자유로운 곳이 아님을 깨달았다. 혼자서 조깅이나 산보도 할 수 없거니와, 체류 기간 중 북에서 촬영한 사진은 출국 전 인화된 형태로 검열을 받아야 반출이 가능하다는 이야기도 생각났다.

그러고 보니 몇 시간 전 방에 들어온 김 피디가 갑자기 "듣지 마!"라고 하면서 방 한쪽 벽을 향해 손사래를 치던 게 떠올라서 잠시 웃었다. 믿거나 말거나 출발 전 주의사항에 방과 엘리베이터에 도청장치가 설치되어 있으니 조심하라는 말이 생각나서 그랬던 거였다.

옥류관 냉면과 평양의 풍경

아침 식사를 제외하고 점심과 저녁 식사는 거의 외부에서 했다. 그 유명하다는 옥류관 냉면도 먹어보았다. 나는 옥류관 냉면보다 다른 곳에서 먹었던 음식들이 더 기억에 남는다. 특히 식당마다 방한을 위해 쳐놓았던 비닐 문과 특이한 느낌을 주던 정갈한 김치들이 기억에 남았다.

회의가 없는 날에는 별도의 스케줄에 따라 움직여야 했다. 만경대 김일성의 고향집 방문이라든가, 조선예술영화촬영소 야외 거리 참관, 애국열사릉, 동명왕릉 참관, 평양 지하철 참관 등이 이어졌다. 이번 방문 목적 중 하나였던 교향악단 공연을 위한 봉화예술극장 답사도 했는데 그 극장 규모가 어마어마했던 것이 기억난다.

평양의 지하철이 특히 인상적이었다. 거의 10여 분 정도 끝 모르게 깊숙히 내려가던 지하철의 에스컬레이터와 썰렁했던 정류장이 기억에 남는다. 영화촬영소도 방문했는데 오픈 세트장의 다양한 건축물과 우리네 옛집의 모습들 또한 인상적이었다.

〈제국의 아침〉 드라마 제작팀은 촬영을 위해 삼지연 비행장으로 이동했고, 백두산 지구에서 촬영을 진행했다. 이 대하드라마는 〈태조 왕건〉의 후속으로 제작하는 드라마로 고려 초에 제국의 기틀을 잡았던 광종의 일대기를 담아 2002년 3월 2일부터 방송되는 대하 드라마였다. 눈 속에서 촬영하느라 무척 고생했다는 말을 들었다. 이때 드라마국 차장이 시종 역할로 엑스트라를 맡기도 했다. 이들은 평양으로 돌아온 후 을밀대와 부벽루 등에서 타이틀을 촬영하기도 했다. 부벽루에서 일반 관람객들을 보기는 했지만, 개인적인 접촉이 어려웠고 말을 건네는 것도 절대 불가하다고 해서 북한 주민들의 개인적인 생각이나 느낌을 알 수 없었던 점은 유감이었다.

언제 다시 그곳에 갈 수 있을까?

독특했던 경험 하나는 노래방에 가본 것이었다. 호텔 맨 윗층에 노래방이 있다고 해서 호기심에 동료들끼리 한번 가 보았다. 그곳에서 기껏 아는 노래라고는 〈고향의 봄〉이나 〈선구자〉, 〈반갑습니다〉 정도였다. 그래도 북한 노래방에 다녀왔다는 추억도 만들 수 있어 그 또한 다행이 아닌가 싶다.

출발 전에 선물을 전할 기회가 있으면 주려고 준비한 스타킹을 침대에 두었는데, 돌아올 때까지 전혀 뜯지도 않아 결국 그대로 다시 가져왔다. 청소하는 사람들을 위해 팁을 놓아두었는데 그것 또한 전혀 손도 대지 않았었다.

미리 들었던 대로 촬영한 사진들은 귀국 전에 인화해서 검열을 받았는데, 다행스럽게도 별탈없이 무사통과했다. 북한에 온 기념으로 기념주화 몇 개를 구입했고, 관심 있는 분야였던 동화책을 파는 곳이 있어서 몇 권 구입했다.

돌아오는 길은 역순으로 순안 비행장을 출발해 베이징을 거쳐 오게 되었다. 7박 8일간의 평양 일정은 그렇게 끝났다. 마치 꿈속에서 여행을 다녀온 듯 모든 것이 가물가물하다.

협상단의 결과물로 KBS 교향악단은 그해 9월 20일 평양 봉화예술극장에서 공연했고, 〈전국노래자랑〉 평양 공연은 5월에 하기로 예정했으나 방송일이 늦어져 이듬해인 2003년 8월 11일 모란봉 공원 야외무대에서 녹화를 했다. 남쪽의 송해 선생님과 북측의 전성희 방송원의 진행으로 성황리에 마무리된 〈전국노래자랑〉

당시 사용했던 고려항공 티켓

을밀대에서 찍은 사진

평양 공연은 29퍼센트의 시청률을 기록하기도 했다.

몇 년 후 연변에서 〈도전! 골든벨〉을 제작하기 위해 답사 차 압록강을 찾은 적이 있는데, 그때 압록강변의 모습을 바라보며 당시의 기억이 떠올라 감회에 젖기도 했었다. 그때만 해도 결코 쉽지 않은 북한 방문이었는데, 언제 다시 그런 기회가 올 수 있을지….

가슴 아픈 불방
〈트랜스젠더 토크쇼 – XY 그녀〉

"모든 성 전환자에게 말합니다. 당신은 혼자가 아닙니다. 저는, 오늘 당신들 편에 섭니다."

〈2012년 3월 7일, 반기문 유엔 사무총장〉

2001년 6월, '그 여자 하리수'라는 프로그램이 〈인간극장〉을 통해서 방송되었다. 성전환자 하리수 씨의 등장은 극히 보수적인 당시의 한국 사회에 큰 센세이션을 일으켰다.

그리고 2012년 어느 날, 후배가 자회사의 CEO로 가면서 함께 독특한 프로그램을 기획하게 되었다. 트랜스젠더 20여 명이 집단으로 출연해 그들 자신의 가슴속에 맺힌 이야기를 솔직하게 털어 놓는다! 제작진들의 첫 반응은 "에이! 설마 그게 방송에 나갈 수 있겠어요?"였다.

어쨌든 프로그램 타이틀을 〈트랜스젠더 토크쇼 XY - 그녀〉로 정하고 엠시에는 신동엽과 홍석천이 섭외되었다. 이래저래 우여곡절을 거쳐 17명의 출연자를 섭외해 녹화까지 진행되었다.

제작까지 완성한 프로그램 편수는 모두 4편.

그런데 예상했던(?) 대로 어렵사리 기획하고 제작까지 완료했는데 정작 방송을 앞두고 난관에 부딪치고 말았다. 생각지도 않았던 곳에서 사건이 터진 것이었다. 대한어머니회를 비롯한 기독교 단체들의 반대 시위와 성명서가 이어졌다. 무려 240여 단체가 벌인 집단행동은 급기야 KBS 본관 앞에서의 대규모 시위, 더 나아가 KBS-N 사옥을 불법 점령하는 일까지 발생하고 말았다.

결국 기획하고 제작했던 4편 중 1회만 방송을 내고 중단되었다. 모든 것은 없었던 것으로 돌아갈 수밖에 없었다.

"굳이 색안경을 끼고 볼 필요는 없다고 생각해요. 그들의 문화도 인정해주면서…."

"우리와 조금 다르다고 해서 이 분들을 배척할 필요가 있을까요?"

"성소수자들이 범죄를 저지른 것도 아닌데 본인들의 편협한 사고와 거부감 때문에…."

첫 편을 보고 난 시청자들의 반응이 용기를 주었다.

어쩌면 국내 방송 역사상 전무후무했을 수도 있었던 프로그램. 기획 의도와는 다르게 당사자들에게 또 다른 아픔을 주고 말았던 프로그램.

지금도 그 원본 테이프를 보관하고 있기는 하지만, 아마 영원

4편 중 1편만 방송 후 중단된 채로 보관 중인 하드디스크

히 빛을 보지 못할 수도 있을 것이라 생각한다. 그래도 아쉬움에
이 원고만큼은 '언젠가는… 말할 수 있겠지'로 정리한다.

천추의 한으로 남은
〈걸어서 세계 속으로〉 파동

"본 제작사는 지난 토요일(2014. 8. 9.) 1TV에서 방송된 특집 〈걸어서 세계 속으로 – 바티칸 & 로마〉 편에서 자막 사고를 야기해 KBS의 명예를 실추시키는 물의를 일으켰습니다. 이에 당사는 책임을 지고, 현재 제작 중인 프로그램에서 하차하는 것이 옳다고 판단되어 해당 프로그램의 제작사 자격을 자진 반납하겠습니다. 자막 사고와 관련해 피해를 입힌 KBS와 관계자분들께 다시 한번 사죄드립니다."

그게 무슨 잘난 일이라고?

제작사로서는 사형선고와도 같은 프로그램 반납 사과문을 지금 다시 꺼내는 것만으로도 얼굴이 화끈거리고 쥐구멍에라도 들어가고 싶은 심정이다. 그렇지만 어찌 되었든 용기를 내서 그때의 일을 기록하기로 했다. 어느 정도 시간이 지나기도 했고, 차분한 마음으로 되새기며 과오에 대해 다시 한번 반성하는 의미에서, 또 한 혹시라도 방송을 쉽게 생각하고 있을지도 모를 방송 후배들에게 엄중한 경고를 주고 싶어서이기도 하다.

이 사건은 아마도 방송 사상 초유의 일로 이곳저곳에서 수많은 질책과 조롱을 받았었다. 그중에서도 한 방송 평론가의 글이 떠오른다.

제작사 대표는 시청자들에 대한 사과문에서 "가장 기초적이고 또 정직해야 할 부분에 있어서 과오를 범했다"면서 "결코 있어서는 안 되는 사고였다. (중략) 30여 년간 방송 프로그램을 제작해왔던 피디로서 참담함과 부끄러움을 절감하고 있다"고 말했다. 그리고 이어서 다음과 같이 쓰고 있다.

〈걸어서 세계 속으로〉는 이번 프란치스코 교황 방한을 기념하는 400회 특별기획 프로그램을 제작했다. 결국 명단 조작으로 빛이 바래기는 했지만 이번 프로그램은 기획은 물론 작품성 측면에서도 아주 공 들여 만든 수작(秀作) 다큐멘터리로 평가한다. 바티칸시국 내에서 그동안 공개되지 않았던 지하 공간 취재나 베드로 성당 돔 공개, 프란치스코 교황이 존경했다는 성인 프란치스코의 마을 '아시시'의 풍경은 시청자들에게 성직자의 청빈과 검소한 모습을 보여주며 남다른 여운을 남겼다. 또 교황의 여름 별장의 전경 등은 그동안 접하지 못했던 장면들이어서 더욱 눈길을 끌었다. 그런 탓에 안타까

움이 더하다. (이하 하략)

〈걸어서 세계 속으로〉(이하 걸세)에 치명적인 오점을 남긴, 아니
여행 다큐로서는 전무후무할 별난 기록을 남겨준 '천국으로 가는
열쇠 − 바티칸' 편이었다. 결과적으로 나는 이 프로그램뿐만 아니
라, 방송사에서 기왕에 제작하던 여타의 3개 프로그램까지 모두
반납했고, 입이 열 개라도 해명이 부족한 이 사건으로 인해 KBS
에서 제작 금지 조치를 당했다. 무엇보다 가장 뼈아팠던 것은 모
든 사람들로부터 분에 넘치는 사랑을 받아오던 프로그램인 〈걸
세〉를 최초로 기획하고 제작했던 피디인 내가, 바로 그 프로그램
에 흠집을 내고 물의를 일으켰다는 자책감이었다. 〈걸세〉는 그 누
가 뭐라 해도 첫 방송부터 6개월간 직접 책임을 맡아, 원고 한 줄
부터 자막 한 개에 이르기까지 심혈을 기울여서 만든 프로그램이
었다. 개인적인 사정으로 회사를 그만둔 후로도 변함없이 애정을
갖고 있었던, 어떻게 보면 내 피디 생활의 가장 큰 자부심이었던
프로그램이었다.

사건의 발단은 교황의 한국 방문을 앞두고 기획된 〈걸어서 세
계 속으로〉 특집으로, 때마침 내가 몸담고 있던 외주 제작사에 기
회가 주어진 것이었다. 그 어떤 프로그램보다도 가장 하고 싶었
던, 내가 처음 기획하고 키웠던 바로 그 프로그램을 4년 만에 제
작하게 된 나로서는 초창기의 그 열정을 다시 한번 꽃 피워보겠다
는 의욕에 그 누구보다 가슴이 뛰었었다.

함께 일하던 피디들 중 가장 유능했던 피디에게 일을 맡겼고,

구성 작업도 처음부터 피디와 함께했다. 현지 취재 결과도 예상했던 여러 어려움에 비해 비교적 성공적이었다. 취재를 맡았던 피디뿐만 아니라 1차 프리뷰를 함께한 나 역시 충분히 만족스러웠다. 역사적인 교황 방문 프로그램으로 결코 부끄럽지 않을 수준의 프로그램, 촬영 후에는 모든 것이 그야말로 일사천리로 진행되었다. 편집 과정도 순조로웠고 1차 시사를 본 담당 CP 또한 만족해했다.

이제 와서 하는 이야기지만 욕심이 넘쳤던지라, 피디가 직접 쓴 원고에도 계속 수정 작업을 거쳤고, 프롤로그와 에필로그는 직접 작성하기도 했다. 후반 작업도 예정대로 끝났고, 이광용 아나운서의 더빙작업과 심의실의 심의 절차까지도 무사히 마쳤다. 예정대로 방송이 잘 나갔고, 모처럼 만에 개운했던 제작과정을 생각하며 나름 만족하고 있을 때였다. 그런데 전혀 생각지도 않았던 엉뚱한 곳에서 반응들이 터져 나오기 시작했다. 방송 직후 한 네티즌이 올린 글이 천파만파로 퍼지면서 담당 피디로부터 연락이 왔다.

"대표님! 오늘 방송했던 특집에 문제가 생겼습니다. 출연자로 등장한 사람들이 이탈리아 축구선수 이름으로 자막이 나갔다고 하네요."

잠시 말을 이을 수 없었다. 한참을 멍하니 있다가 겨우 "얼마나 많이 나왔나요?"라고 물었다.

많이 사용했건 적게 사용했건 그게 무슨 의미가 있을까? 절대로 단 한 개라도 그래서는 안 되는 일인 것을…. 인터넷의 거센 파도가 불어 닥쳤다.

자초지종을 알아보니, 취재 중 인터뷰했던 사람들의 이름을 기록한 종이를 분실한 바람에 급한 마음에 자료 조사원에게 이탈리아 사람들의 이름이 적힌 명단을 만들어 달라고 부탁했는데 문제가 생긴 것이었다. 당시 자료 조사원은 방송 일을 시작한 지 불과 서너 달 경력의 새내기로 이제 방송을 배우기 시작한 친구였다. 하필 그때 검색한 자료에서 눈에 띈 것이 바로 축구 국가대표 명단이었다. 이탈리아 국가대표라는 설명 없이 그냥 이름만 적혀 있어서 아무런 의심 없이 사용했던 것이다. 첫 단추가 잘못 끼워진 것이니, 그 이후로는 그 누구도 이름에 대해 의심하는 사람이 없었고, 결국 끝까지 아무런 문제없이 진행된 셈이었다.

가장 기본적인 작업, 누구라도 하지 않는 당연한 일, 그런 일에서 잘못 들어선 것이 결국 큰일을 만들어 내고 만 것이니 누구를 탓할 수도 없었다. 무엇보다도 평소에 해외 축구선수들에 대해 별 관심을 두지 않았던 것도 아쉬웠고, 제작과정에 함께 참여했던 CP나 더빙실 엔지니어, 음악 담당자, 심의위원, 그 누구도 그러한 오류를 발견해 내지 못한 것 또한 신기한 일이었다. 도둑을 맞으려면 개도 짖지 않는다고 했던가. 당시 내레이션을 맡은 이광용 아나운서는 심지어 축구 중계 전담 아나운서이기도 했으니 더 이상할 말이 없었다. 훗날 이광용 아나운서가 털어놓은 이야기로는, 미리 원고를 읽으면서 익숙한 사람의 이름을 봤지만 신기하다는 생각에 동명이인인 것으로만 생각했다고 했다.

이미 엎어진 물이지만, 명단을 분실했다면 차라리 사실대로

'현지 관광객'이나 '현장 관리인' 같은 자막을 사용했어야 할 일이다. 방송에 있어 모든 것에 앞선 가장 중요한 가치는 바로 정직함이다.

결국 피디와 자료 조사원은 책임을 지고 그만두었다. 그들이 그만두던 날, 그 친구에게 했던 말도 "앞으로 어디에서 방송 활동을 하게 되건, 가장 중요하게 가져야 할 덕목이 정직함을 잊지 말라"는 것이었다.

어느 정도 시간이 지나자 자막으로 빚어진 파동은 잦아들었다. 이 사건으로 인해 내가 책임져야 할 일들에 대해서 나는 응분의 조치를 당했다. 이 일에 책임을 지고 향후 3년간 KBS에 출입금지를 당한 것이다. 여러 가지로 상처를 받았지만 그중에서도 가장 속상했던 것 중 하나는 모처에서 발표한 게시문이었다. 그 내용인즉, "도대체 프로그램이라고는 제작해보지도 않은 제작사에서…" 운운하는 글이었다. 다시 한번 조심스럽게 말하지만, "나는 분명 그 프로그램의 최초 기획자이다." 이미 빛이 바래질 대로 바래졌지만 당시 프로그램의 마지막 장면 원고가 기억이 나 여기에 소개해본다.

베드로 광장에서 있었던 가정의 날 축하 행사.
교황 연설대에 한 아이가 올라와 교황의 목걸이에 입맞춤을 한 후 내려가지 않자, 프란치스코 교황은 그 아이를 자신의 자리에 앉히고 연설을 시작했다.
권위의 상징인 교황의 자리를 어린이에게 내줬던 교황.

베드로 광장을 멀리서 바라보며 나는 과연 우리 시대의 권위라는 것

이 어떤 것이며, 우리는 무엇을 소중하게 여기며 살아가고 있는 것인

가 하는 것을

다시 한번 내 자신에게 묻고 있었다.

제 3 부

처음부터 준비된 피디는 없다!

피디는 만들어지는 것이다

피디가 되고 난 뒤 후배들이나 어린 친구들을 만날 때 가장 자주 들었던 말이 "근데 왜, 어떻게 하다가 피디가 되셨어요?"였다. 마치 내가 절대로 해서는 안 되는 일을 했다는 듯, 아니면 당신 같은 사람이 어떻게 해서 그 어렵다는 피디가 되었느냐는 듯한 물음이었다. 사실 내가 대학생이었을 때만 해도 기자나 아나운서는 익숙했지만 피디는 그리 익숙한 단어가 아니었다. 좀 안다는 사람도 피디란 속된 말로 딴따라 아니면 연예인 등처 먹는 사람들 정도로 알고 있을 정도였다.

나도 어렸을 적 장래 희망이 뭐냐는 질문을 받았을 때 서슴없이 나오던 대답은 '신문기자'였다. 특별히 주변에 기자를 했던 사람도 없었고, 누가 그것이 좋다고 가르쳐주었던 것도 아니었는데 그런 생각은 마치 무슨 계시처럼 어린 날의 나에게 소명처럼 받아들

여겼었다.

그렇다면 나는 어떻게 하다가 기자가 아니고 피디가 된 것일까?

언론인을 꿈꾸다

1972년, 어렵사리 들어간 학과는 사범대학 국어교육과였다. 전혀 생각하지도 않았던 사범대에 입학하고 난 후 좀체 학교에 정을 붙이기가 어려웠다. 그러던 중 위수령과 함께 휴교령이 내려지고, 결국 다음 해 봄까지 학교 문은 열리지 않았다. 그리고 대학 4년 동안 이러한 과정들은 해마다 꼭 치러져야 할 무슨 연례행사처럼 되풀이되었다. 4월이면 어김없이 학교가 뒤숭숭해지고 이어서 소요 사태, 최루탄과 강제 진압, 동맹 휴학, 휴교령, 그리고 조기방학과 리포트로 대체하는 시험들. 결국 긴급조치와 계엄령 선포로 이어지며 사회는 살벌한 분위기 속으로 빠져들어갔다. 그런 한편 청년 문화라는 단어와 장발 단속, 미니스커트, 퇴폐문화, 대마초 가수 등의 단어들로 우리의 젊은 시절이 사라져가고 있었다.

"해보이…"로 대표되는 패배주의가 팽배하던 시절. 뭐든 해봤자 아무런 의미도 보람도 없는… 그런 퇴폐적이고 자조적인 분위기가 젊음을 갉아먹고 있던 시절.

아무것도 할 수 없고, 아무것도 해서는 안 되는 시대.

그러던 중 대학신문사의 견습 기자 모집 공고를 보고 응모했고, 다행히 합격하면서 나의 대학생활은 그나마 활기를 찾게 되었다. 당시 대학신문은 학내의 유일한 신문이기도 했지만, 단과 대학 소식을 전체적으로 들어볼 수 있는 유일한 매체였다. 나는 2학년 가을에 학생 기자로 입사해서 학생 편집장을 거쳐, 4학년에 대학신문사가 관악캠퍼스로 이전하기 직전까지의 20개월 동안 일했고, 대학 졸업 후에도 잠시 교직에 있다가 다시 대학신문사 전임기자로 일하며 군에 입대하기 전까지 근 10개월 동안 대학신문사와 함께했다. 한국적인 특수상황이라는 말로 많은 것들이 용납되었던 암울한 시절을, 그나마 새롭게 배운 언론이라는 맛을 느껴보면서 버텨낼 수 있었던 시절이었다.

당시 대학신문은 매주 8면씩 발행했는데, 재학생 15,000명 외에 방송통신대 학생 수까지 합해 매주 35,000부를 발행하던 나름 영향력 있던 신문이었다.

신문기자 일은 새롭게 배우는 거라서 신기하기도 했고, 무엇보다도 재미가 있었다. 나로서는 어차피 나중에 언론사를 목표로 하고 있던 터라 스펙도 쌓을 수 있어서 다른 어떤 일보다도 의욕적일 수밖에 없었다. 그중 가장 큰 변화는, 답답하고 우울했던 나의 젊은 날들을 새로운 희망으로 채우며 다시 시작할 수 있었다는 것이었다. 그러나 일에 조금 더 가까워질수록 또 다른 압박감들을 느끼게 되었으니, 바로 자유로운 언론에 대한 갈증이었다.

때마침 그런 분위기는 결국 일간신문들이 자유언론실천선언을 하면서 터져 나왔고, 결국 74년 말에는 그 유명한 동아일보 광고 탄압사건으로 이어졌다.

학생 편집장 시절 대학신문사가 있었던 '함춘원'에서

사회 상황도 그렇고 기자로서의 미래에 대한 희망도 많이 사그라들면서 신문에 대한 애정 또한 많이 식어가기 시작했다. 그때 신문이 아닌 방송을 떠올렸다. 이런 상황에서 기자를 하는 것보다는 방송국 피디를 하는 것이 더 낫지 않겠는가 하는 생각이 들었다. 결국 내 꿈을 약간 바꾸어 똑같은 언론인이되 프로그램을 제작하는 피디가 되기로 굳게 작정했던 것이다. 4학년이 되면서 캠퍼스가 관악산으로 이전했고, 나는 대학신문사를 떠났다.

만약 대학신문이 없었다면 아마 아무런 기억도 없이 그냥 방황만 하다가 대학시절을 마감했을 것이고, 역시 아무런 꿈도 희망도 없이 그저 그런 삶을 살았을지도 모른다. 그러나 대학신문사 경험으로 인해 나는 피디로서의 꿈을 다시 꾸게 되었고, 비록 치열한 삶은 아니더라도 아름다운 인간을 사랑하는 삶을 살게 되었다고 자신한다. 그리고 그 꿈은 훗날 KBS라는 터에 피디로 자리 잡으면서 새롭게 이어졌다.

피디 공채 시험 출제자의 조언

늦은 군 복무를 마친 1980년 5월, 나는 KBS에 입사원서를 냈고 치열한(?) 경쟁률을 뚫고 다행스럽게도 공채 7기 신입사원으로 입사할 수 있었다. 1973년 한국방송공사가 된 KBS는, 이 무렵부터 매년 신입사원을 공개채용 방식으로 선발했는데, 여기에 방송직군인 프로듀서로 합격한 것이다. 당시 시험과목으로는 국어, 영어, 상식, 논문 등이 있었으며, 1차 필기시험에서 3배수를 뽑은 다음에 최종 면접을 거쳐 7명이 선발되었다. 내 생각이기는 하지만 대학신문사 경력이 혹시 도움이 되었지 않았을까 싶기도 하다. 어쨌든 당시에도 방송사에 들어가는 것이 낙타가 바늘구멍 들어가는 것에 비교되던 시절이고, 피디 직군에만 700명 정도가 응시했으니 거의 100대 1의 살 떨리는 경쟁률이었다.

그런데 입사 후 상당한 시간이 지난 다음 신입사원 공개 채용과 관련한 묘한 인연을 갖게 되었다. 다름 아닌 신입사원 공개 채용 출제위원으로 차출된 것이다. 한번 차출된 뒤에도 사내 면접이나, 논술 채점 등에 수시로 불려다녔고, 나중에는 입사시험 문제를 총괄하는 출제위원장을 두 번이나 맡기도 했다. 다른 언론사도 아마 비슷했을 테지만, 신입사원 선발 시험에는 별도의 출제위원을 두지 않고 자체적으로 출제위원을 두는 것 같다. 하긴 어차피 필요한 직종의 사람들을 선발하는 절차이니 외부 출제자를 별도로 선발할 필요가 없기는 하다.

이왕 말이 나온 김에 덧붙이자면, 많은 응시자들이 논술이나 면접을 두려워 하는데, 내 생각에는 논술이나 자기소개서는 본인이 알고 있는 지식이나 경험을 최대한 정확하고 간결하게 작성하는 것이 좋다. 또한 출제자는 미리 모범 답안을 생각해 놓기 마련인데, 논술을 작성할 때는 가급적 출제자가 미리 예상해 놓은 답변 내에 포함될 만한 키워드들이 반복적으로 들어가도록 하는 것이 중요하다. 아울러 논술에서 점수를 더 얻을 수 있는 나름의 방법 중 하나는, 같은 참고서나 교수로부터 배웠던 지식을 무조건 자랑스럽게 내놓지 말고 일단 내 것으로 만든 다음에 내놓는 것이 좋을 듯하다. 채점할 때 자주 느끼던 것인데, 거의 유사한 문장들이 마치 복사된 것처럼 똑같은 스타일로 작성된 글은 채점자에게 별 도움이 되지 않는다. 논리적인 구성이 더 돋보일 수 있도록 필요시 단락을 사용하거나 소제목을 활용하는 것도 한 가지 방법일 수 있다. 무엇보다도 독특한 표현과 소재가 중요하다. 이는 다른 사람들과 비교해 튀어 보일 수 있는 방법이다. 당연한 말이지만 지정된 매수는 꼭 채우는 것이 좋고, 비록 잘 쓰는 글씨가 아니더라도 깔끔하게 보이도록 필기하는 정성 또한 필요하다.

자기소개서는 뻔한 이야기나 상투적인 단어들을 나열하기보다는 자기만의 특색이 돋보이는 단어나 경험들을 솔직하게 기술하는 것이 도움이 되지 않나 싶다.

부조정실에서 연출 중인 피디

지금까지 말한 이 모든 조언은 단지 공개 채용으로 입사하는 경우에 해당되며, 피디가 되는 또 다른 방법은 굳이 이러한 어려운 단계들이 필요하지 않다.

어떤 사람이 피디가 될 수 있을까

세월의 변화에 따라 미디어 환경도 많이 바뀌었고, 무엇보다도 피디가 될 수 있는 방법 또한 엄청 쉬워졌다. 간단히 말해서 피디가 되겠다고 마음만 먹으면 언제라도, 누구라도 피디가 될 수 있다는 말이다.

일반적으로 피디는 학력 제한이 없으며, 전공 또한 큰 상관이 없다. 남녀 구분, 즉 성별 차이도 따지지 않는 편이다. 피디가 활동할 수 있는 곳은 지상파, 지역 민방, 특수목적 방송, 지상파 자회사, PP(채널사업자), SO(유선방송사), 케이블TV, 그리고 독립제작사들이 있다. 이중에서도 피디가 되는 가장 간단한 방법은 프리랜서 피디가 되는 것이다. 이미 활동하고 있는 제작사, 즉 프로덕션에 들어가서 피디 업무를 배우는 것이다.

이미 알고 있겠지만 1989년 방송 발전을 위해 외주 제작이 처음 시행된 후, 1991년 외주 제도가 법적으로 의무화되면서 해마다 외주 제작 비율이 높아졌고 이에 맞춰 방송사마다 별도의 외주 제작 시스템을 운영하고 있다. 즉, 지상파나 종편채널, 케이블TV 등은 인하우스의 자체 제작 팀 외에도 별도의 외주 제작사들에게 프로그램을 발주하면서 그곳을 통해 필요한 프로그램들을 제작해 방송하고 있다. 이런 제작사들은 이미 수도 없이 많기 때문에 이들 제작사에 들어가면 되는 것이다. 제작사들은 자체적으로 채용 공고를 내서 선발하기도 하고, 미디어잡이나 미디어통 같은 사이트를 통해 지원할 수도 있다. 참고로 작가를 희망하는 경우도 이와 비슷한 방식으로 준비하면 된다. 피디의 경우, 시작과 동시에 조연출 과정을 거치게 된다. 프로그램 성격이나 개인의 능력에 따라 차이가 있겠지만 대략 2년여의 시간이 필요하다. 한때 조연출(일명 FD)은 밤새우며 일하는 것이 다반사이고, 아예 집에도 못 들어가는 경우가 허다한 반면 임금은 형편없다고 소문이 났었는데 최근에는 많이 개선되고 있는 중이다.

더군다나 피디를 희망하는 지원자가 점점 줄어드는 추세여서 조연출 구하기가 하늘의 별따기라는 말이 생길 정도이니 입사에는 아무 어려움이 없다. 참고로 제작사에 지원할 때에는 미리 본인이 하고 싶은 분야를 정해두는 것이 좋다. 요즘에는 대부분 예능을 선호하는 편이다. 당연하게도 처음부터 유명한 피디가 되는 경우는 매우 드물다. 이런 여러 단계들을 거치면서 피디가 되어가는 것이고, 실력을 꾸준히 쌓다보면 언젠가 유능한 피디로 올라서는 것이다.

피디가 되는 또 다른 방법은 경력직으로 입사하는 방법이다. 말하자면 특별 채용으로 입사하는 방법이다. 프로그램 제작 경력이 중요하게 평가되고 능력이 뛰어난 피디들이 많아지면서 경력 피디를 특별 채용하는 경우가 많아졌다. 신입사원을 채용해서 처음부터 키우는 것보다 이미 능력이 검증된 피디를 선발해서 바로 현업에 투입하는 스카우트 방식을 말하는 것이다. 종편 채널이 처음 만들어지면서 경력사원들을 집중적으로 채용했고, 특히 예능 프로그램들이 활성화되면서 이곳저곳에서 경력직 피디들을 선발하기도 했다. 지원하는 사람 입장에서는 조금 더 안정적인 자리를 담보받을 수 있다는 이유에서 선호했고, 방송사 입장에서는 능력 있는 제작자를 짧은 시간 내에 확보할 수 있다는 장점으로 인해 생겨났던 방법이기도 하다.

또 다른 방법 중 하나는 직접 제작자가 되어 유능한 피디들을 채용해서 프로그램을 제작하는 방법이다. 다만 이 경우에는 금수저를 갖고 태어났거나 갑자기 떼돈을 번 부자가 되었는데 프로그램을 제작해보고 싶은 마음이 들었을 때라야 가능하다. 굳이 직접 제작하지 않아도 모든 것을 본인이 원하는 대로 좌지우지할 수 있다면 그 또한 피디의 보람이 아니겠는가. 이제는 제작사가 어디인가보다 제작자가 누구인가가 중요해진 시대이다. 자신이 만든 프로그램으로 말하는 시대이고, 그 평가가 바로 돈으로 평가되는 시대이다.

마지막으로 절대 피디를 해서는 안 되는 사람이 있다.

창의력이 전혀 없는 사람, 상상력이 부족한 사람, 그리고 꿈을 꿀 줄 모르는 사람은 절대 피디를 하면 안 된다. 그리고 무엇이든 절대로 안 될 거라고 미리 생각하는 사람, 모든 것에 정리가 잘 안 되는 사람, 본인밖에 모르는 사람도 절대 안 된다.

반대로 만화를 좋아하는 사람, 덜렁대지 않고 치밀한 사람, 다른 사람과 더불어 이야기 나누는 것을 좋아하는 사람은 피디를 해도 좋다.

신입사원 면접할 때 이런 지원자를 본 적이 있다. 기획안 노트를 세 권이나 준비해왔던 지원자였다. 기획안 노트의 내용도 궁금했지만, 피디가 되면 꼭 해보고 싶은 프로그램을 몇 년째 준비해놓았다는 그 열의에 면접관들은 감동했었다. 그것과 상관없이 합격했었지만 그 친구에게 당시 내가 했던 말은 앞으로 누구에게도 그 기획안 노트를 송두리째 넘겨주어서는 안 된다는 것이었다. 그 안에는 아직 버려지지 않은 명검이 준비되어 있을지도 모르기 때문이다. 피디는 기획을 생명으로 알아야 하는 사람이다.

낭중지추(囊中之錐)라는 말처럼 능력 있는 사람은 어디에서고 그 능력이 돋보인다.

제주도에서 야외 촬영 중

    끝으로 피디 지망생들에게 해주고 싶은 말은, 혹시라도 피디가
되고 싶은 것이 아니라 어떤 혜택을 바라고 피디를 희망하는 것은
아닌지, 예컨대 겉모습이나 화려함이나 명찰 같은 것들을 누리고
싶어서 피디가 되고 싶었던 것은 아닌지 다시 한번 생각해볼 일이
다. 40년 경력의 나이 든 피디가 하는 충고이다.

청소년 프로그램의 왕국

단지 공부를 잘하지 못한다는 이유만으로 항상 죄 지은 것처럼 살고, 성적표가 나온 날에는 엄마에게 밥을 더 달라는 말을 하기도 미안해하는 아이들이 있었다. 가슴 아프지만 남의 나라도 아니고 우리의 청소년들 이야기이다.

나는 청소년들을 좋아한다. 평소부터 청소년과 청소년 프로그램에 대한 애정과 사랑, 관심과 의욕이 넘치기도 했지만, 사실 그렇게 된 그 원인 중 하나는 아마 그토록 싫어했던 교직에 대한 미안함과 중도에 던져버린 죄책감에서 비롯된 것일 수도 있다.

청소년 프로그램을 해오면서 내 스스로 작정했던 몇 가지 원칙들이 있다. 그것은 바로 청소년들을 절대 들러리로 세우지 않고 주인공으로 만들어주는 것, 결코 공부만이 능사가 아니라는 것을 강조하는 것, 그리고 가급적 모든 일에 사제 간이 함께하는 것들이었다.

청소년 시절에 프로그램을 함께하는 것은, 청소년 자신에게도 소중한 추억이 되지만 나아가 그 경험을 통해 또 다른 여러 가지의 가능성을 발견하거나 목표를 세워볼 수도 있는 계기가 될 수 있다. 그런 것이 바로 청소년 프로그램의 중요한 존재 의미가 아니겠는가.

그리고 이러한 작업에 함께 동행하는 사람이 선생님이라서 가급적 사제가 함께 출연할 수 있는 프로그램을 기획함으로써 이를 통해 사제 간의 신뢰와 정을 더욱 키워줄 수 있도록 하는 것이 청소년 프로그램의 또 다른 목표가 되어야 한다고 생각했다.

프로그램을 진행하는 엠시를 선정함에 있어서도 나름 특별한 원칙을 고수했다. 그것은 청소년 프로그램의 진행자는 모든 면에서 청소년들에게 모범이 되고 귀감이 될 수 있는 그런 사람을 선정하는 것이 중요하다는 생각이었다.

이러한 생각과 원칙들은 나도 모르게 언젠가부터 갖게 된 신념이 되었다. 아마 내 스스로 그토록 싫어했던 사범대학에 진학하면서부터 나도 모르게 싹터 온 것이 아니었을까 싶기도 하다.

중도에 포기한 교사의 꿈

결코 긴 시간은 아니었지만 사범대학을 졸업한 직후, 잠시 교직에 몸을 담은 적이 있다. 그때 발령받은 곳은 서해안 변산반도에 있던 줄포고등학교였다. 지금은 특성화고등학교로 바뀌었지만, 당시에는 면 소재지에 있던 인문계 남녀공학 고등학교로 전교생 400명 정도 규모의 7개 클래스가 있고, 교사 수는 11명뿐인 초미니 학교였다. 다만 학생 수가 1,300명 정도 되는 중학교가 같이 있어서 전체적으로 그렇게 작다는 느낌은 들지 않았다. 나의 교사 생활은 그렇게 시작되었다. 막 대학을 졸업한 신임 교사였기에 가르치는 학생들과는 4~5살 차이에 불과했다. 아직 대학생 물이 빠지지 않은 첫 직장이어서 그랬겠지만, 선배 교사들과 부딪히는 일이 자주 생겨났다. 선생님치고 많이 튀는 자유분방한 옷차림도 그랬고, 학생들과 격의 없이 형제처럼 지내는 모습도 그랬을 것이다. 이래저래 여름방학이 가까워질 무렵, 원했던 것은 아니지만 결국 교직을 그만두고 마는 사건이 발생하고 말았다.

어느 날 중고등학교 합동 교직원회의가 있었다. 그날의 안건은 면에 있던 농협 지소가 없어져서 교직원들의 월급을 군 소재지 농협에서 직접 수령할 때 드는 교통비 문제였다. 갈 때는 괜찮지만 돌아올 때는 금액이 커서 위험할 수 있어 택시를 이용해야 하는데 그 비용을 어떻게 분담할 것인가가 주제였다. 부장급 보직 선생님들이 내자, 받는 월급의 자투리를 조금씩 모아서 내자는 등 다양한 의견이 쏟아져 나왔다. 아침 조회 시간에 시작한 회의는 수업 시작 시간이 한참 지나도록 이어졌다. 어린 중학생 아이들이 소란을 피우며 떠들고 있는데도 회의는 좀처럼 끝날 줄 모르고 있었다.

어디에서 그런 용기가 났던 것일까? 다시 그런 기회가 온다면 분명 절대 하지 못했을 것 같은 그런 치기 어린 행동을 하고 말았다. 결국 참지 못하고 발언권을 얻어 말하기 시작한 것이다.

"제가 다녔던 학교의 과 연구실에는 '교학상장'이란 현판이 자랑스럽게 걸려 있었습니다. 이제 발령받은 초짜 막내 교사지만, 학교에서 가장 중요한 것은 무엇보다 수업이라고 생각합니다. 지금 수업 시작 시간이 한참 지났는데 하찮은(?) 돈 몇 푼 때문에 아이들의 소중한 시간이 하염없이 지나가고 있습니다. 오늘 이 직원회의가 끝나고 나면 저는 사표를 내겠지만, 이런 모습은 제가 배우면서 생각했던 그런 학교의 모습은 아닌 것 같습니다."

합동 교직원회의가 어떻게 끝났는지 결과가 어떻게 되었는지 기억나지 않지만, 그날 나는 이미 공언했던 대로 사직원을 냈다. 부임한 지 다섯 달이 지났을 무렵이었다. 앞으로는 절대 교단에 설 수 없을 것이라는 생각도 들었지만, 모든 것이 불확실했던 나의 젊음과 미래를 걸고 겁 없이 배수진을 치며 맞섰던 날이었다.

만약 그때 사표를 내지 않았더라면, 아마 군 복무를 마친 후에 다시 교단에 돌아갔을지도 모른다. 실제로 그럴 수 있는 확률이 훨씬 더 높았다. 제대 후 직장을 잡지 못하고 한동안 방황하고 있을 때, 그날의 발언을 얼마나 후회했었던가. 그렇지만 일단 사표를 낸 이상 나의 교원 자격증은 어김없이 박탈되었고, 다시는 교단으로 돌아갈 수 없었다.

그때, 4~5살 차이 나는 선생과 제자로 만났던 그 학생들을 40년이 지난 지금까지도 계속 만나고 있다. 이제 나처럼 머리가 하얗게 변해 버린 그들이 지금도 어김없이 나를 '선생님'이라고 부른다. 이제 돌이켜 생각해보니, 아마 나에게 더 많이 보고 더 많이 경험해서 더 많은 청소년들에게 꿈을 주라고 피디를 시켜준 것이 아니었을까?

청소년의 입장에서 프로그램 만들기

피디가 된 이후, 그들에 대한 미안함과 사랑을 더해 청소년 프로그램들을 지속적으로 만들게 되었다. 때마침 청소년 프로그램의 책임 프로듀서(CP)를 맡으면서 본격적인 청소년 프로그램의 왕국을 만드는 꿈을 이룰 수 있었다. 청소년 프로그램 전문가도 아니었고 별도의 교육을 받아본 적도 없었지만, 청소년에 대한 애정 하나만으로 얻게 된 무거운 짐이었다.

당시 담당한 프로그램은 〈신세대 보고 어른들은 몰라요〉, 〈TV 유치원〉, 이어서 새로이 〈접속! 신세대〉, 〈강력추천 고교챔프〉, 〈도전! 골든벨〉, 〈도시 대탐험〉, 〈TV캠프 우리누리〉 등을 앞서거니 뒤서거니 하면서 만들었다.

CP라는 책임을 맡으면서 청소년 프로그램 분야의 총괄책임자로서 가져야 할 프로그램 방향의 우선순위를 생각해보았다. 당연히 성적과 공부는 맨 뒤로 밀려났다. 우선적으로 생각한 것은 단순했다. 청소년들이 하고 싶어 하는 것을 하게 해주는 것, 그리고 청소년들이 해야 할 것을 하게 해주는 것이었다. 프로그램을 기획하면서 항상 맨 앞에 두었던 것이 바로 그들의 입장에서 생각한 프로그램을 만드는 것이었다. 내가 청소년이라면 어떤 것을 하고 싶을까? 이런 질문에서 프로그램이 탄생한다. 청소년들이 하고 싶어 하는 것, 원하는 것을 찾는 것이 최우선이고, 그다음 생각하는 것은 그들에게 필요하다고 생각되는 무엇인가를 하는 것이다. 그런 점에서 착안해 프로그램을 기획하기로 했다.

그래서 가장 먼저 생각한 것은 청소년들 자신의 모습을 담은 프로그램이었다. 청소년들의 삶과 생각, 그들의 참모습, 희망 같은 것들을 숨김없이 담아낼 수 있는 리얼리티 프로그램으로 만들어보자는 의도에서 〈접속! 신세대〉를 시작했다. 청소년 스스로가 자랑스러워 할 수 있는 프로그램, 청소년들의 기를 살려줄 수 있는 프로그램, 자신들의 문제를 자신들의 시각으로 바라봄으로써 이 시대를 살아가는 청소년들의 진솔한 모습과 생각을 알아보자는 것이 기획의 시발점이었다.

부모와 자식세대 간의 소통을 주제로 서로 충분한 시간을 갖고 토론을 벌이는 '토론 배틀', 구식이기는 하지만 연애편지를 매개로 남녀 학생들 간의 이성 교제를 다루는 '내 마음을 받아줘'라는 코너도 만들었다. 스스로 소신을 갖고 자신의 삶을 개척해나가는 청소년들을 소개하는 15분짜리 미니 다큐 '천상천하 유아독존'도 만들었다.

다음으로 생각한 프로그램은 공부를 못하는 학생들도 기를 펴고 살 수 있는 그런 세상을 꿈꾸는 프로그램이었다. 〈강력추천 고교챔프〉는 그런 발상에서 시작했다. 고등학생이라면 과연 공부를 잘하는 것만이 최고인가? 학생들에게 과연 성적만이 모든 것

〈강력 추천 고교챔프〉 관련 기사

일까. 〈강력추천 고교챔프〉의 발상은 아주 간단했다. 학력 중심의 사회 풍토 속에서 성적 이외의 다양한 특기나 재능을 보유한 학생들을 발굴 소개하여 바람직한 21세기의 청소년상을 구현하고, 학교를 중심으로 한 다양한 문화를 찾아내는 것을 목표로 하는 것이 기획 의도였다.

이것만은 고등학생들 중에서 내가 최고라고 생각한다면 그 학생이 바로 고교챔피언이다. 전국의 고등학생들 중에서 가장 키가 큰 청소년, 비틀즈에 대해 가장 많이 아는 청소년, 요요를 가장 잘하는 요요왕 등 공부가 아닌 것으로 가장 잘하는 청소년들이 출연하는 프로였다. 최홍만이나 이은결 등이 바로 이 프로를 통해 처음 등장했던 청소년들이다. 당구 챔프 김가영, DDR챔프, 산악자전거 신동 이진웅, 고교생 맥가이버, 턱걸이 챔프, 컴퓨터 속기 챔프, 에어로빅 챔프, 자원봉사 챔프, 고교 발명왕, 스노보드

챔프, 요리왕, 프라모델 수집 챔프 등 수많은 챔프들이 탄생했다.

아이들이 꿈꾸는 세상 만들기

그런 프로그램을 만들고 있던 중에 초등학교 학생들이 불만을 터트렸다. 고교생들을 대상으로 한 프로그램은 많은데, 왜 초등학생들의 프로그램은 없느냐는 것이었다. 그래서 기획해본 것이 초중등학교 학생들이 주인공으로 등장하는 프로그램이었다. 핵가족 시대, 외동이로 크고 있는 요즘 초중학생들. 그들에게 형제처럼 자매처럼 친하게 지낼 수 있는 친구들을 맺어주는 것은 어떨까. 그래서 만든 프로그램이 〈TV캠프 우리누리〉였다. '우리누리'라는 이름은 '우리 세상, 우리 세대'라는 뜻에서 만들어졌다.

이들에게 타인에 대한 이해 증진 및 타인의 중요성을 인식시키고, 집단의 의미와 협동의 중요성을 깨닫게 하여 사회성을 강화시켜주었다. 이를 통해 집단 따돌림 예방의 효과를 고양시키고, 과거에 비해 나약해진 현대의 어린이들에게 도전 의지와 자신감을 제공하면 어떨까 하는 생각이었다. 자연 속에 위치한 캠프장에서 게임과 관찰을 통해 청소년들의 생각을 알아보고 올바른 꿈과 가치관을 심어주는 형태로 어린이들이 가 보고 싶어 하는 꿈의 나라를 한번 만들어보자, 원하면 언제라도 컴퓨터 게임을 할 수 있고, 뽑기도 할 수 있고, 부모님의 잔소리를 듣지 않아도 되는 그런 곳을 만들자는 목표였다. 그 결과로 〈TV캠프 우리누리〉가 탄생했다.

그러는 와중에 〈도전! 골든벨〉이 탄생했다. 골든벨은 문제를 푸는 것이 전부가 아니었다. 평범한 학생들이 출연해서 장기자랑도 하고, 자신을 보여줄 수 있는 어떤 것이라도 자랑할 수 있는 것이 이 프로그램의 가장 중요한 모토였다. 평범한 아이들의 기를 살려주는 것이 가장 중요했기 때문이다.

아이들의 눈높이에서 이해하려는 자세

정규 프로그램으로 편성되지 못하고 파일럿 프로그램에 그치고 말았지만, 〈TV 만남 추억의 교실〉과 〈사제공감〉은 사제 간의 사랑을 주제로 만들어진 프로그램이었다. 졸업생들이 자신들의 학창 시절 은사를 다시 만나게 해주는 〈추억의 교실〉과, 같은 교실 안에서 함께 생활하고 있지만 실제로 선생님이 자신의 이름을 얼마나 기억하고 있는지를 알아보는 〈사제공감〉은 '교학상장'이라는 내 평생의 슬로건을 다시 한번 돌아보는 프로그램이었다.

이 프로그램들을 통해 내가 한결같이 전달하고 싶었던 것은 바로 청소년들에 대한 진심과 사랑이었다. 그런 눈으로 청소년들을 볼 때라야 그들이 진짜로 바라고 원하는 것이 무엇인지 알 수 있다. 그렇게 관심을 가져야만 보이는 것이 있는 법이다.

지금은 많이 나아졌지만 사실 많은 청소년들의 문제는 어른들의 무관심이나 잘못된 편견에서 비롯된다. 청소년 문제의 해결책은 우선 청소년들의 시각에서, 그들의 눈으로 그들을 봐주는 것이 아닐까 생각한다. 혹시라도 자신들이 자라던 당시의 생각으로 아이들을 판단하고 있는 것은 아닌지, 아이들은 바뀌고 있는데 어른들은 예전 그대로의 모습으로 판단한다면 해결책은 없다.

아이들의 입장에 서서 그들의 눈높이에서 이해하려는 자세가 무엇보다 중요하다. 우리 아이는 그렇지 않다는 생각을 버리고, 우리 아이도 얼마든지 그럴 수 있다는 생각을 하는 것이 중요하다.

돌이켜보니, 그 누구보다 청소년들을 소중하게 생각해야 한다는 것이 바로 나의 신념이었음을 깨닫는다. 그것이 바로 프로그램을 성공시킨 발화점이었으며, 그럼으로써 한때 포기했던 교직에 대한 죄스러움을 조금이라도 갚은 것이 아니었을까.

굿바이 KBS!
고향을 떠나다

잘 다니고 있던 회사를 그만두겠다고 생각하고 사표를 내는 것은 엄청난 부담이 아닐 수 없었다. 더구나 그 직장이 평생 정년을 보장해주는 KBS라면 더욱 그렇다. 속된 표현으로 '밥표'라고 불리우기도 하던 사원 신분증을 버린다는 것은 결코 쉬운 일이 아니기 때문이다. 그것은 어쩌면 춥고 어두운 바깥 세상을 바라보는 공포이자, 안일한 현재에 대한 크나큰 유혹 때문일 것이다. 그럼에도 불구하고 KBS를 떠나기로 한 것은 나름 몇 가지 이유가 있었다.

멋모르던 신입 시절을 지역에서 보내고 본사로 돌아온 이후, 초급 간부가 되어 다시 한번 지역 근무를 1년간 한 다음 거의 한 곳에서만 지냈다. 그곳은 바로 교양제작국이다. 세칭 교양국 귀신이 되어서 피디, 차장, 부장, 주간까지 25년을 보내고 난 뒤 가게 된 곳은 1, 2TV 두 개의 채널을 총괄하는 편성국장이었다. 그리고 그때는 KBS가 새로운 바람을 일으키고 있던 정연주 사장 시절이었다. 편성국에 있으면서 가장 큰 영향을 받았던 것은 무엇보다 회사의 전반적인 상황에 대해 두루 알게 되면서 비로소 현실을 실감했다는 것이었다. 제작 일선에서는 느끼지 못했거나 제대로 알고 있지 못하던 중요한 사항들을 많이 배우고 알게 되었던 것이다.

시대의 변화와 콘텐츠 판매의 꿈

당시 새로운 임무를 맡게 된 편성국 식구들과 함께 의욕적으로 준비한 사업이 K-2 프로젝트였다. 내용인즉슨 2TV의 혁신을 꾀해보자는 것으로, 여러모로 안정적인 1TV에 비해 시청률과 평판이 좋지 않았던 2TV를 살리기 위한 프로젝트였다. 에베레스트의 K2 봉우리처럼 우뚝 솟아오르자는 뜻에서 붙여진 이름인데, 나름 프로그램 개발팀을 신설하면서 대규모 프로그램 공모도 하고, 해외 시장 조사를 위한 특별팀도 내보냈다. 그때 준비해서 만들어진 프로그램이 〈스폰지〉였는데, 당대 지식 개발 프로그램의 선두주자로 떠올랐다.

당시 개인적으로 관심을 가졌던 것은 프로그램 포맷 개발이었다. 포맷이란 간단히 말하면 프로그램의 기본 틀이다. 예컨대 〈도전! 골든벨〉이라는 퀴즈 프로그램의 틀을 만들었던 것처럼 이 틀

퇴사 후 포맷 연수차 방문했던 네덜란드의 엔데몰

을 다른 나라에 판매함으로써 프로그램의 위상도 높이고 수익도 창출한다는 계획이었다. 이미 세계적으로는 그런 작업들이 활성화되고 있던 시점이었다.

프로그램 포맷 판매 사업은 세계 굴지의 콘텐츠 제작사들이 이미 선점하고 있었다. 네덜란드의 '엔데몰'이나 영국의 '프리멘탈 미디어' 등이 그 대표주자들이었다. 프리멘탈 미디어의 〈아메리칸 아이돌〉이나 〈누가 백만장자가 되려 하는가〉 같은 프로그램 등은 세계 80여 개국에서 수입해 방송되고 있었고, '엔데몰'의 〈빅 브라더〉나 tvn에서도 방송된 바 있는 〈딜 오어 노딜〉 같은 프로그램 또한 30여 개국에서 수입해 방송하고 있었다. KBS에서 방영했던 〈1 대 100〉이라는 프로그램 역시 엔데몰에서 수입한 프로그램이었다.

우리도 베트남에 골든벨 프로그램 포맷을 수출해서, 〈룽 추옹 방〉이라는 이름의 대학생 대상 프로그램이 방송된 적이 있다. 이와 같은 일을 해보자는 것이 당시 야심에 차 있던 내 생각이었다. 또 한 가지 관심을 두었던 것은 프로그램의 선제작 후판매 방식이었다. 요점은 좋은 프로그램을 선투자해서 미리 제작해놓고, 바이어스 마켓이 아닌 제작자들이 우위에 서는 셀러스 마켓을 만드는 것이었다. 가까운 시일 내에 필연적으로 그러한 시대가 오리라는 것을 동물적으로 느껴오던 터라, 이미 그런 마음의 준비를 하고 있던 중이었다.

그러던 중에 DMB가 출범하고, IPTV 서비스가 상용화되면서 다매체 다채널 다플랫폼의 시대가 열렸다. tvn과 에브리원이 개국했고, 2010년대가 되면서는 아날로그 TV 시대가 끝나고, 종편 채널이 개국하기 시작했다.

때마침 대부분의 방송사가 예능에 집중하는 시대로 급변하면서, 교양 프로그램의 몰락이 시작되는 조짐이 이미 보이고 있었다. 지상파 프로그램들의 시청률이 전반적으로 하락하는 경향을 보였고, 모든 프로그램들이 오락화되었으며, 리얼리티 쇼가 자리를 잡고 예능오락 프로그램들은 본격적인 경쟁 시대에 돌입했다. 그러면서 모든 것이 광고가 최우선되는 시대로 바뀌었다.

새로운 도전에 나서다

개인적인 고민이 시작된 것은 바로 이때부터였다. 몇 년 전의 드라마 피디들에 이어 이번에는 예능 피디들의 이직 현상이 이어졌다. 내가 갈등한 원인은 이번 기회에 그동안 내가 가장 하고 싶었던 포맷 프로그램 사업을 해보고 싶다는 열망이 지속적으로 나를 흔들고 있었기 때문이었다. 그런 와중에 결정적으로 고등학교 후배이자 KBS 후배로 평소에 가깝게 지내던 K로부터 연락이 왔다. 그는 〈겨울연가〉의 프로듀서로 한국에 한류 열풍을 몰고 온 주역으로, 그 당시 이미 제작사에 스카우트되어 나가 있던 상태였다. 그는 자신의 제작사에서 드라마 외에 교양 예능 등을 제작할 계획이라면서, 혹시 함께할 의사가 있는지를 물어온 것이었다. 일종의 스카웃 제의였는데, 그 제작사가 바로 '팬 엔터테인먼트'였다. 〈여름향기〉, 〈해를 품은 달〉, 〈소문난 칠공주〉, 〈찬란한 유산〉, 〈각시탈〉 등의 유명 드라마들을 제작하며 굴지의 드라마 제작사로 명성을 날리고 있던 곳이었다. 만약에 그곳으로 옮긴다면 더할 나위 없이 만족할 만한 제작사이기도 했다.

그렇지만 말이 쉽지 어떻게 갑자기 평생을 함께해온 회사를 그만둘 수 있겠는가. 퇴사 결정은 그렇게 쉬운 일이 아니었다. 그때부터 여러 가지 생각들이 밀려왔다. 긍정적인 면은 기왕 내가 꿈꾸고 생각해왔던 것들을 이제 펼쳐볼 수도 있지 않겠는가 하는 것이었고, 부정적인 면은 지금도 잘하고 있는데 굳이 험지에 나가서 고생을 자처하려고 하는 것인가였다.

고민에 고민을 거듭한 끝에 결국 나는 결정을 내렸다. 그것은 나 또한 이 험난한 전쟁터인 외주 시장에 들어가 보겠다는 것이었다. 이미 앞서가고 있던 드라마, 예능 피디에 이어 교양 피디로서는 거의 처음으로 이적하는 결정이기도 했다. 그때는 정년까지 아직 5년이 남아 있었던 때였다. 정작 고민을 오래했던 것에 비해 포기는 오히려 쉬웠다. 손에 잡고 있었던 것들을 놓으면 모든 것이 다 가능해지는 법이니까. 그래서 신분증도 자리도 입고 있던 것들도 다 버리기로 했다. 그리고 나는 팬 엔터테인먼트 교양예능 사장으로 명함을 바꾸었다.

그때가 2007년 4월이다. 27년간 KBS에서 받았던 모든 것을 내려놓았던 때였고, 이제 KBS의 피디가 아닌 외주 제작사의 피디로 신분을 바꾸게 되었다.

제4부

망하기 위해 하는 프로그램은 없다

방송 통폐합 이전에는 동·하절기에 별도의 근무복을 입고 근무했었다.

종합구성 프로그램 제작 노하우

"어떤 프로그램 하세요?"라는 질문을 받을 때가 종종 있다. "아! 그 프로그램이요?"라는 대답이 나올 만큼 상대방이 이미 잘 알고 있는 프로그램이라면 다행이지만, 그렇지 않아서 "네? 근데 그게 무슨 프로그램인데요?"로 이어지면 참 난감하다. 피디로 살아오면서 가장 많이 들었던 말이 바로 그것이었다. 그때마다 새삼 피디 짓(?)하며 사는 것이 부끄러워지곤 했다.

선배들로부터 '좋은 프로그램이란, 긴 말 필요 없이 몇 마디로 간단하게 설명할 수 있는 그런 프로그램'이라는 말을 들은 적이 있다. 맞는 말이기는 하다. 구차하게 여러 설명하지 않아도 바로 알 수 있는 프로그램, 몇 마디로 짧게 설명하면 바로 이해할 수 있는 그런 프로그램을 만들기 위해서 피디들은 평생을 고민한다.

한 선배가 말하기를 피디는 예측하고(Predict), 판단

(Determine)하고, 결정(Decide)하는 사람이란다. 그러면서 피디라면 전문적 지식(Professional), 인내심(Patience), 그리고 문제해결능력(Problem solution)의 3P를 필수적으로 갖춰야 한다고 목이 터지도록 설파했었다. 그런 공자님 말씀 대신 좋은 프로그램 아이디어나 몇 개 주었다면 훨씬 더 고마워했을 것을….

피디가 하는 일 중 가장 중요한 일

'어떤 프로그램 하세요?'의 '어떤 프로그램'을 찾아내는 것이 바로 기획이다. 좋은 프로그램을 만들기 위해서 꼭 필요한 작업이고, '이 프로그램은 이러이러한 프로그램'임을 단적으로 보여주는 것이 또한 기획이다. 프로그램을 제작한다는 것은 어떤 내용물을, 어떤 그릇에, 어떤 방식으로 내놓느냐의 문제이기도 한데, 그런 것들을 찾아내고 결정하는 것이 바로 기획인 것이다.

달리 표현한다면, 프로그램 분류상 확연하게 구분할 수 있는 뉴스나 스포츠 등과는 다른, 예컨대 드라마나 다큐멘터리, 쇼, 코미디, 퀴즈, 생활 정보 같은 다양한 프로그램들을 만들어 내는 것이 그것들이다. 앞에서 언급했던 '어떤 프로그램 하세요?'의 '어떤'이 바로 그런 것에 속한다고 할 수 있다.

몸값 높은 유명 드라마 피디도 아니고, 대중을 몰고 다니는 쇼 코미디 피디도 아니었지만 내가 평생을 찾아다닌 일이 바로 프로그램을 기획하고 제작하는 일이었다. 대부분 교양 프로그램의 기획과 제작이었고, 평생을 바쳐가며 해왔던 '어떤 프로'의 구체적인 대상이 곧 '교양정보' 프로그램이었던 것이다. 특히 내가 집중적으로 관심을 갖고 제작해왔던 분야는 '쇼양(쇼+교양)'이라고 불리기도 했던 '종합구성 프로그램'이었다.

피디를 하면서 내가 처음 배치된 곳이 교양제작국이었는데, 그 부서는 문자 그대로 일반적인 교양 프로그램들을 제작하는 부서였다. 얼마나 교양이 없으면 교양 프로그램을 제작하고 있겠느냐고 비아냥거리는 농담을 듣기도 했을 만큼 보는 시각에 따라 누구라도 만들 수 있는 그런 프로그램을 제작하는 가장 평범한 부서일 수도 있다.

종합구성 프로그램이란 무엇인가?

교양국 프로그램들은 일반 토크 프로그램과 생활정보 프로그램, 매거진성 프로그램, 버라이어티 프로그램, 종합구성 프로그램 등의 다양한 이름으로 불리며 꾸준히 발전해왔다. 그 가운데 내가 집중적으로 제작했던 프로그램들은 〈생방송 오늘〉, 〈전국은 지금〉, 〈6시 내 고향〉 같은 정보성 매거진 프로그램들과 〈사랑방 중계〉, 〈행복이 가득한 집〉, 〈이것이 인생이다〉, 〈도전! 골든벨〉 같은 종합구성 프로그램들이었다. 종합구성이란 말은 문자 그대로 '종합적인 구성으로 이루어진 프로그램'이라는 의미다. 종합적이라는 것은 복잡하다는 의미도 담겨 있어 쉽게 제작하기 어려운 프로그램이라는 말이기도 하다.

사실 '종합구성'이란 용어는 프로그램 장르 분류상 어느 곳에서도 찾아보기 어려운 용어이다. 그 이유는 아마도 프로그램 장르라기보다는 제작 형태로 분류해야 할 용어이기 때문인 것으로 생각된다. 어쨌든 제작비 규정에서는 '단순구성'에 대비하는 용어로 '종합구성'이 '1212/가' 항목에 분류되어 있다. '단순구성'이란 용어가 별로 사용되지 않는 것을 보면 실제로는 대부분의 일반 프로그램들이 '종합구성' 프로그램 안에 포함될 것이다. 예컨대 프로그램 속성상 누가 봐도 제작 형태가 명확한 〈걸어서 세계 속으로〉는 기행 다큐멘터리이고, 〈아침마당〉은 스튜디오 토크 프로그램이다. 한편 ENG와 중계차, 스튜디오 등의 복잡한 제작요소들이 포함된 〈6시 내 고향〉은 종합구성으로 분류되는 것이다. 또한 이 분류방식에 의하면 교양국에서 제작하는 거의 대부분의 프로그램들은 '종합구성' 프로그램에 속한다. 이는 예능 파트의 '버라이어티'와 대비되는 의미로 사용되기도 했다.

종합구성 프로그램은 그 이름이 의미하는 것처럼, 복잡하고 다양한 속성들의 의미 있는 결합체를 전제로 하기 때문에 필연적으로 타 장르 넘나들기를 구성의 주된 축으로 하고 있다. 탈장르, 장르 넘나들기, 장르 믹스 같은 현상이 생겨난 것은 이제 단순한 형태나 제작 방법만으로는 시청자들의 다양한 욕구를 해소시키기 어렵다는 데서 기인한 것이다. 그 결과 다양한 결합에 의해 다큐라마, 다큐드라, 드라메디, 토크 시츄에이션 등이 탄생했고, 지적정보 프로그램, 즉 인포테인먼트 또는 에듀테인먼트 프로그램

종합 구성은 일반적으로 스튜디오를 기본으로 하고 있다(《우리말 한판》 녹화 장면).

도 등장했다. 이들 또한 종합구성의 변종들이라 할 수 있겠다.

종합구성 프로그램은 '정보성 프로그램', '매거진 프로그램', '토크성 프로그램', '버라이어티성 프로그램', '인포테인먼트 프로그램', '관찰예능' 등 시기와 유행에 따라 그 이름을 달리하면서 그때그때 변화하면서 생존해왔다. 이러한 각각의 형식은 생성 후 소멸되는 것이 아니라 나름대로 독자적인 영역을 구축하면서 그대로 혼재하며 병존하는 현상을 보여왔다.

결론적으로 종합구성 프로그램이란 '외견상 본격적인 다큐멘터리나 드라마, 쇼, 코미디가 아닌 프로그램으로, 내용상 상기 요소들이 적절하게 변형, 조합된 프로그램이며 형식상 ENG 등을 활용한 사전제작물 또는 중계차 등과 스튜디오가 적절히 합해져 만들어진 프로그램'이다.

종합구성 프로그램은 어떤 힌트나 생각만으로 기획하는 것이 아니라 구체적인 문서 형태로 나타나야 한다. 여기에는 타이틀, 기획 의도, 주요 내용, 제작 스태프, 출연자, 제작비용, 방송시간대, 방송 횟수 등이 포함된다.

종합구성 프로그램의 핵심은 프로그램의 내용을 가장 효과적으로 전달하기 위해 내용물을 적재적소에 배치하는 작업이라고 할 수 있다. 통상적으로 코너 혹은 꼭지들이라고도 불리는 아이템들을 마치 블록을 쌓듯이 어울리게 배치하는 작업으로 보통 코너워크라고 말한다. 프로그램의 성공에 있어 가장 중요한 작업은 통상 구성작업이라고도 부르며, 준비된 내용들을 어떤 순서로 어떻게 배치하는 것이 가장 좋을 것인지를 결정하는 과정이다.

일반적으로 종합구성 프로그램 제작을 위한 필수적인 구성요소는 스튜디오, 엠시, 인서트 등이다. 이들 종합구성에 들어갈 수 있는 인서트(요소)들을 통상적으로 아이템, 코너물, 꼭지 등으로 지칭하며 이런 것들에 포함할 수 있는 것들은 다음과 같다.

기본 스튜디오와 엠시 외에 프로그램 내용과 관련된 핵심 정보들이 있고, 이 내용들을 보완해주는 이벤트(게임, 행사 등), 그리고 각종 해프닝, 코믹한 구성물, 단순 재연물, 미니 다큐, 차트 그림이나 설문 결과 등 보조자료, 노래 또는 뮤직비디오, 뉴스 등 기존 자료들, 출연자(패널, 전문연사, 방청석), 로고성 제작물(캠페인, 스팟), 지역 중계차, 제2의 별도 세트 등이다.

이런 인서트물들을 60분, 30분 등 사전에 정해진 전체 편성시간 내에 효율적으로 시간을 배분해 배열하는 것이다. 기본적인 구성은 프롤로그, 타이틀, 오프닝, 순서에 따른 내용물 전개, 마무리 및 클로징, 엔딩 타이틀 등의 구조이다. 코너물을 배치할 때는 60분물의 경우 '기승전결'의 각 부분별 시간 배분 비율은 10%, 55~60%, 15~20%, 10~15%정도가 좋다. 별도의 특별 편성이 아닌 경우, 통상적으로 종합구성 프로그램은 2시간(114분), 90분(84분), 1시간(54분), 30분 등의 시간으로 정해진다.

종합구성 프로그램의 경우, 대형 특집물은 일반적으로 편안한 나열식 구성법을 사용하는데, 필요하다면 인서트들의 중요도에 따라 중요한 것을 우선적으로 배치하는 도치법적 구성으로 그때그때 필요에 따라서 사용할 수도 있다.

전제 조건과 주의사항

종합구성 프로그램을 제작할 때 구성상의 전제 조건이 있다. 이를 나름대로 정리해 본다면 다음과 같다.

1. 상상을 무한대로 자유롭게 하면서 가능성이 있는 모든 경우의 수를 생각할 것.
2. 평범한 생각을 뒤집어보는 역발상을 최대한 이용할 것.
3. 취재원을 중심으로 그 안과 밖, 위아래 모든 위치에서 생각해야 한다. 그 이유는 시청자는 모든 상황에 처할 수 있기 때문이다.
4. 구성 시 도치법을 생각해야 한다. 이는 똑같은 내용이라도 순서의 배치에 따라서 그 효과가 달라지기 때문이다.

5. 시선을 끌어줄 만한 아이 캐취가 있는 해프닝을 만들어 내되, 당위성과 논리성, 사실성에 근거할 것.
6. 취재원에게서 다양한 많은 정보를 뽑아내야 한다. 그 이유는 정보의 크기와 양, 그리고 분석이 구성과 내용을 좌지우지하기 때문이다.

종합구성 프로그램을 기획 제작할 때에는 몇 가지 주의해야 할 사항들이 있다. 그 내용은 다음과 같다.

첫 번째, 절대로 기본 제작 의도에서 벗어나지 말 것. 기교 또는 사심이 현란하면 기본 메시지가 흐려지게 될 수 있다.

두 번째, 가능한 복잡하지 않고 단순할 것. 너무 많이 벌려놓으면 나중에 헷갈리게 된다.

세 번째, 당위성에 의해 전반부, 중반부, 후반부 등 논리적으로 나눠져야 한다.

네 번째, 강중약의 적절한 배치로 힘의 안배가 잘 되어 있을 것.

다섯 번째, 연결되는 부위에는 튀지 않도록 쿠션 부분을 사용해 부드럽게 해놓는 것이 필요하다.

여섯 번째, 전체를 뚫는 일관된 원칙이 있을 것. 예컨대 큰 것에서 작은 것으로, 또는 작은 것에서 큰 것 등으로 일관된 원칙을 가져야 한다.

일곱 번째, 전체적으로 물 흐르듯 자연스럽게 흐름을 탈 것.

여덟 번째, 진실될 것, 즉 리얼리티가 있어야 한다.

아홉 번째, 아이 캐취가 있어서 볼거리를 제공해야 한다.

열 번째, 지루하지 않게 흥미 있게 구성할 것.

프로그램 제작 과정과 단계

종합구성 프로그램은 대부분 혼자 하는 작업이 아니라 제작 팀을 구성해서 하는 작업이다 보니 제작과정이나 제작단계도 복잡하다. 대략 헤아려보니 40여 개 이상의 단계가 있고, 각 단계마다 함께 일해야 하는 관계자들이 있다. 그렇기 때문에 이들과의 협업이 그 무엇보다 중요하다. 그런 탓에 어렵고 힘들다고 말하는 것이다.

제작단계는 대략 4단계로 나누어진다. 사전 작업 단계, 제작 준비 단계, 실제 제작 단계, 그리고 마지막 제작지원 행정처리 등의 정리 단계이다.

첫 번째, 사전 작업 단계는 프로그램을 최초 기획한 직후의 작업들이다. 일단 피디, 작가, 자료 조사, 조연출, 행정 요원 등의 제작 스태프를 구성한다. 이어서 피디, 작가 등으로 구성된 제작진과 기획회의를 통해 구성안을 확정하고, 엠시, 리포터, 패널, 성우, 방청객(초청 또는 동원 방청객) 등의 출연자들을 선정한다.

두 번째, 제작 관련 준비 단계이다. 기획안을 편성 제작위원회에 상정하고, 기획한 프로그램의 개별 코드를 배정받는다. 다음으로 스튜디오 또는 중계차 등을 사용 협의한 다음 입력하고, 편집실 스케줄을 잡은 후 사용 승인을 받는다. 아울러 프로그램 제작

고교 시절 은사를 주인공으로 제작한 〈황금물고기〉

에 필요한 표준 제작비를 산정한 다음 결재를 받고, 촬영 배정 및 의뢰, 조명 차량 등을 의뢰하여 필요한 인서트들을 제작한다. 예고편을 제작 입력해두고, 음악 효과 CG 등을 섭외해둔다. 시그널이나 음악, 로고음악 등을 의뢰하고 타이틀백 및 멀티용 로고를 의뢰한다. 세트 디자이너와 협의 결정하고, 소품 의뢰, 멀티큐브 및 전기효과를 의뢰한다. 마이크로웨이브를 사용할 경우 NQC에 통보하고 사용 예정도(회선망)를 전달한다. 진행 큐시트 작성과 대본 작업을 하고, 사전에 필요한 제작비를 전도받아 준비해놓는다.

세 번째, 실제 제작 단계이다. 생방송 또는 녹화 당일에는 큐시트 복사 및 대본 복사를 하고, 부조 스태프 회의를 진행한다. 녹화(또는 생방송) 당일의 담당 업무 분장을 하고 출연자 확인, 출연료 대리 수령 및 지급 방법을 결정해놓는다.

마지막으로 제작지원 행정처리 단계이다. 생방송 또는 녹화를 하고 편집 작업을 거쳐 완성한 후, 심의를 거쳐 방송 테이프를 보관실에 전달해 놓는다.

이런 복잡한 단계들을 거쳐야 비로소 방송이 완료되는 것이다.

기본적인 디렉팅의 기술

예전과 다르게 최근에는 멀티 카메라 등을 사용하는 녹화 방법이 일반화되어 일단 녹화한 후 편집 단계에서 완성품을 만들어내기도 하지만, 생방송의 경우에는 별도의 연출 기법들이 필요하다. 무엇보다 프로그램 연출(디렉팅)은 피디의 필수적인 능력이기에 연출 기법을 당연하게 익혀둘 필요가 있다. 몇 가지 기본적인 디렉팅 방법은 다음과 같다.

먼저 스튜디오 연출의 기본은 녹화는 생방송처럼, 생방송은 녹화처럼 하는 것이다. 필요하다면 가급적 생방송처럼 하는 것이 좋다. 스튜디오 연출은 물 흐르듯 자연스럽게 진행하는 것이다. 연출할 때도 시간에 쫓기지 말고 편안한 마음을 가져야 한다. 녹화 또는 생방송 전에 준비된 인서트들과 큐워드들을 사전 점검하고 리허설, CG 확인 등을 할 때도 가급적 완벽하게 준비해두는 것이 좋다. 스태프 회의는 필수이며, 연출 시에는 자신감을 드러내는 것이 좋다.

평상시에 다른 사람이 연출하는 장면을 자주 보면서 타인의 연출기법을 익혀두고, 기초가 되는 기술적인 부분도 평소에 배워둔다. 녹화할 때 쓸데없는 NG는 절대 금물이며, 혹시라도 예상치 않았던 사고가 발생했을 때는 그것으로 끝내야 한다. 지속적인 불평은 추가 사고를 유발시킬 수 있기 때문이다. 연출하면서 지시를 내릴 때 발음은 크고 명확하게 해야 하며, 위급하면 항상 풀샷으로 넘기는 것이 좋다. 스튜디오의 모든 상황을 미리 가정하여 머릿속에 대비해야 하고, 연출 시에는 토크백에 주의해야 한다. 또한 출연자와 객석의 분위기를 장악하고 있어야 한다.

그 프로그램, 이렇게 기획했습니다

당연한 말이지만, 프로그램을 기획하는 방법에 왕도가 있는 것은 아니다. 나는 프로그램의 첫 시발점은 상상력에서 시작된다고 믿고 있다. 일단 무엇이든 가능할 것이라는 전제 하에 수없이 많은 상상을 하고, 그 상상들을 현실화시킬 수 있는 방법을 찾아내 서로 연계시키다 보면 새로운 아이디어가 담긴 프로그램이 탄생하는 것이다. 본인의 생각이 아닌 다른 사람들의 프로그램이나 아이디어를 활용하는 것도 좋은 방법이다. 그동안 내가 터득한 나름의 기획 방법들을 정리하면 다음과 같다.

첫 번째 방법은 현재 프로그램에서 뻗어 나가는 가지치기 수법이다. 가장 쉬워서 자주 사용했던 방법으로 한 프로그램을 만든 다음 거기에서 유사 프로그램을 만들어 뻗어 나가는 것이었다. 즉, 현재 내가 하고 있는 프로그램들로부터 기획하는 방법이라 할 수 있다. 그 프로그램의 장점을 키우거나 단점을 보완하는 것으로, 이전 프로그램에서 부족하다고 생각했던 부분들을 보완하거나 새롭게 만들어 보는 것이다. 예를 들어보면 대표적인 휴먼 프로그램으로 〈사람과 사람들〉이라는 60분짜리 프로그램이 있었다. 나름 감동적인 다양한 삶을 보여주는 프로그램이었는데, 내가 보기에는 너무 진지하고 무거운 것이 특징이었다. 그 단점을 보완해 평범한 사람들의 이야기를 가볍게 다룰 수 있는 프로는 없을까 하는 생각에서 만든 것이 10분짜리 미니 다큐 〈인간가족 휘파람을 부세요〉였다. 2TV의 프라임 시간대에 방송된 이 프로그램은 평판도 좋고 시청률도 높았다. 이 프로그램의 장점은 누구라도 10분 동안 주인공이 될 수 있다는 것이었다. 결국 효과적인 편성 전략으로 짧은 방송 시간을 가장 효율적으로 성공시킨 사례가 되었다.

서세원, 양미경 씨가 엠시를 맡던 〈행복이 가득한 집〉은 점점 사라져가는 대가족들의 이야기에 초점을 맞추었다. 할아버지 할머니 세대를 주인공으로 하고, 많게는 10여 명이 되는 형제자매들과 손자손녀들의 살아온 이야기를 중심으로 꾸몄던 대가족 프로그램이었다.

평범하지 않은 영화 속 주인공이나 소설처럼 기막힌 인생을 살았던 사람들의 이야기는 없을까 하는 생각에서 기획한 프로그램이 〈이것이 인생이다〉였다. 거짓말처럼 같은 자리에서 2년 연속 번개를 맞고도 살아났던 사람이 첫 출연자였다. 주택복권 다수 당첨자, 서울에만 오면 망하고 내려가는 출연자 등 희한하고 독특한 삶을 살아온 사람들이 주인공으로 출연했었다. 진지하게 접근하지 않더라도 사람들의 인생 이야기는 얼마든지 의미 있고 또 가치가 있는 법이다. 더구나 이런 방식으로 비슷한 아이템들이 쌓이다 보면 다른 프로그램을 제작할 때 도움이 되거나 새로운 프로그램을 만들어 낼 수 있는 텃밭이 될 수도 있는 법이다.

여행 프로그램을 만들 때도 같은 방법을 적용했다.

처음 만든 여행 프로그램은 해외여행 자율화에 맞춰 만든 〈즐거운 세계여행〉이었다. 다만 초기인지라 직접 제작이 아니라 해외 대사관이나 기존 영상자료들을 활용해서 만들었다. 그 부족함을 메워 준 프로그램이 바로 〈지구촌 기행〉이었다. 직접 리포터를 해외에 보내 제작한 프로그램이었는데, 나라마다 주제를 정하고 그 주제에 맞게 장소를 선정하는 다큐 스타일로 제작했다.

다음으로 기획한 것은 특이한 소재의 아이템들을 선정해서 제작하는 것으로 특별한 종족들을 그 대상으로 삼았다. 예컨대 장례 풍습이 독특한 인도네시아의 또라자족, 순록을 키우고 사는 핀란드의 사미족 등 소재의 특이성이 그 목표였다.

그다음으로 기획한 것이 지금은 누구나 다 알고 있는, 혼자 여행하는 스타일을 표방해서 기획한 〈걸어서 세계 속으로〉였다. 이후에 다시 기획한 프로그램은 세계 4대 문명 발상지를 직접 찾아가 탐방하는 10부작 〈사진 한 장 속의 세계〉였다.

마지막으로 기획한 여행 프로그램은, 좀 엉뚱했지만 직접 여행을 가지 않고, 여행을 다녀온 사람들이 여행지의 독특한 경험담을 풀어내는 여행 방담 프로그램인 〈손미나의 여행의 기술〉이었다. 이 모두가 평소의 관심이나 취미를 집중적으로 파고들었던 결과물이라고 할 수 있다.

청소년 프로그램 분야도 마찬가지 방법을 취했다.

어린이 프로그램에 이어서 청소년 프로그램인 〈영 스튜디오〉를 제작한 후, CP가 되면서 맡은 프로그램이 절친한 후배 피디들이 만든 〈신세대 보고 어른들은 몰라요〉였다. 〈어른들은 몰라요〉는 높은 시청률은 물론이고 진정한 청소년 프로그램으로 인정받으며 학생들에게도 인기가 높았을 뿐만 아니라, 청소년 스타들의 산실이 되었던 프로그램이다.

당시 청소년 프로그램의 CP로서 새로이 기획한 프로그램은 〈접속! 신세대〉였다. 〈어른들은 몰라요〉는 실제 있었던 일들을 소재로 삼았지만 아무래도 드라마이다 보니 현실적인 내용을 직접 다룰 수 있는 프로그램을 기획하고 싶었다. 그래서 〈접속! 신세대〉는 3개의 현실적인 아이템을 주제로 기획해 나름 현실 반영에 주력했다. 하지만 시청률의 벽을 넘지 못하고 어려움을 겪고 있었다. 그때 새로운 코너로 기획했던 〈도전! 골든벨〉이 공전의 히트를 치면서 〈접속! 신세대〉는 자연스럽게 폐지되고, 〈도전! 골든벨〉이 별도의 독립 프로그램으로 뒤를 이어받았다.

또 다른 청소년 프로그램으로 기획한 것이 〈강력추천 고교챔프〉였다. 기획 배경은 '공부가 인생의 전부는 아니다. 무엇이든 이것만은 내가 최고'라는 생각을 심어주기 위한 것이었다. 모든 청소년들에게 자신감을 심어주고 공부에 대한 부담감을 없애주겠다는 생각이었다. 이왕 이렇게 된 것, 아예 대학생들을 대상으로 한 프로그램을 한번 제작해 보고자 하는 의도에서 시작한 프로그램은 〈전격출동 도시대탐험〉이었다. 마지막으로 어린이들을 위한 프로그램으로 기획한 것은 〈TV캠프 우리누리〉였다. 제작진도 제작진이지만 무엇보다도 청소년 팀을 믿고 밀어준 편성 팀의 의지에 아직까지도 고마움을 잊지 못하고 있다.

마지막으로 개인적인 의지로 끝까지 도전했던 앙케트 쇼 프로그램 기획이 있다. 앙케트 역시 시종일관 애정을 가져왔던 중심 분야였다. 2년 동안 4차례에 걸쳐 추석 특집 〈3대의 생각, 당신의 가족은〉, 〈설날 특집 97 신세대의 선택〉, 〈추석 특집 기상천외 300인의 선택〉 등의 파일럿 프로그램을 제작해 온 것이 결국 결실을 맺었었다. 그렇게 탄생한 프로그램이 〈백만인의 선택〉이었다. 때로는 집요한 의지가 프로그램을 만들어 내기도 하는 법이다.

프로그램을 기획하는 두 번째 방법은 시대의 흐름을 읽고, 시대가 필요로 하는 것을 찾아내는 방법이다.

1991년 봄, 한쪽에서는 우루과이 라운드로 농민들의 뼈아픈 외침이 이어졌다. 1986년부터 시작된 농수산물 수입 제한 폐지로 인해 지루한 투쟁을 벌인 사건으로 당시 농어민들에게는 생존이 걸린 중대한 문제였다. 당시 실의에 빠져 있던 농어민들에게 힘과 용기를 주겠다는 의도로 만들어진 프로그램이 바로 〈6시 내 고향〉이었다. 고향에 대한 애정과 향수를 전하는 것은 물론이고 우리의 고향을 살리려는 목적 또한 있었던 것이다.

또 다른 사례도 있다. 그것은 1998년 10월에 신설된 〈TV내무반 신고합니다〉였다. 바로 전해였던 1997년에 당시 이회창 대통령 후보 자녀의 병역비리로 온 나라가 떠들썩했다. 그래서 군복무가 초미의 관심사로 떠올랐고, 이런 시대상을 반영해 군대에 다녀온 것을 크나큰 보람이자 영예로 생각하게 해주자는 기획 의도에서 만들었던 것이다. 또한 당시는 IMF로 인해 많은 사람들이 절망에 빠져 있던 시기였다. 무엇을 해도 불가능할 것만 같았던 시절이지만, 군대 시절의 추억을 떠올리게 하면서 국민들에게 용기와 희망을 주기 위한 이유도 있었다. 돌이켜 생각해보면 군대 시절에는 못할 것이 없었다. 온갖 위험과 고난을 이겨내고 지나온 그 시절을 되돌아보면서 지금의 어려운 위기를 헤쳐 나가자는 소박한 바람이 담긴 프로그램을 만들었던 것이다.

마찬가지로 시대의 흐름을 반영해 기획된 프로그램이 있다. 1988년에 올림픽을 개최하면서 해외여행 자율화가 처음 시작되었다. 〈즐거운 세계여행〉은 바로 그런 시류에 편승해서 만들어진 프로그램이었다. 또한 고령화 시대의 도래와 백세 시대에 맞춰서 기획된 〈시니어 토크쇼 황금연못〉 또한 시대상을 반영하려는 의도에서 기획했던 프로그램이다. 변화하고 있는 시류를 읽고 기획하면 그만큼 편성에서 우위를 점할 수 있고 편성될 수 있는 기회가 많아지는 법이다.

프로그램을 기획하는 세 번째 방법은, 예전에 있었던 프로그램들을 리메이크 또는 약간 변형시켜서 재탄생시키는 것이다. 처음부터 새롭게 기획하는 경우도 많지만 다른 프로그램의 모방에서부터 탄생하기도 한다. 현재 없어졌거나 또는 예전에 있었던 프로그램들의 장점만을 기록해두었다가 그 장점들만 모아서 새롭게 만들었을 경우 전혀 다른 프로그램으로 바뀌기도 한다.

네 번째 방법은 본인이 기본적으로 갖고 있던 취미나 전공 분야로부터 기획하는 방법이다. 이런 방법은 타인과는 전혀 다른 관점에서 모든 것을 보기 때문에 의외로 대단히 독특한 프로그램을 기획할 수 있다. 예컨대 분재나 꽃꽂이 등의 취미라던가 다양한 전공 분야들에서 프로그램의 아이디어를 찾을 수도 있다.

다섯 번째 방법은 현재 방송되고 있는 프로그램 중 시청률이 저조한 프로그램을 분석해서 그것을 보완할 수 있는 프로그램을 기획하는 것이다. 이런 경우에는 그 프로그램이 폐지될 경우 가장 먼저 편성될 가능성이 있다.

여섯 번째 방법은 주요 시청 대상층을 미리 예상하고, 그에 맞게 프로그램을 기획하는 방법이 다. 예컨대 공무원, 직장인, 선생님, 대학생 등 기본적으로 많은 수요를 가진 집단을 대상으로 하는 프로그램을 기획하는 것이다.

그 밖에도 해외의 우수 프로그램을 참조하거나, 지금 편성상 없는 장르, 취약한 장르를 파악해서 그것을 보완할 수 있는 프로그램을 기획하는 방법들이 있다.

학창시절에 효율적인 공부 방법을 찾으려 했던 것처럼 프로그램 기획에도 왕도는 없다. 항상 새로운 아이디어를 찾으려고 노력할 때 새로운 기획이 나온다.

프로그램, 이렇게 하면 망한다

청운의 꿈을 품고 첫발을 내딛은 새내기 작가들을 상대로 특강을 한 적이 있다. 그 특강의 제목은 '프로그램, 이렇게 하면 망한다'였다. 사실 망하기 위해서 제작하는 프로그램은 없겠지만, 실제로 망하는 프로그램은 수도 없이 많다. 하긴 하는 프로그램마다 모두 성공한다면 그것도 재미없겠지. 망하는 프로그램에 대해 이야기하기 전에 전제해두고 싶은 것이 있다. 그것은 '이런 프로그램은 프로그램이 아니다'라는 것이다. 대체 어떤 프로그램을 말하는 것일까? 우선 편성되지 않은 프로그램은 당연히 프로그램이 아니다. 실재성의 문제로, 프로그램은 구체화되어 존재해야 하고 즉시 문서로 기록될 수 있어야 하기 때문이다. 다음으로 머릿속에만 기획되어 있거나, 혹은 말로만 이야기하는 프로그램은 프로그램이 아니다. 이는 구체성의 문제로, 상상 속의 기와집은 우리가 살 수 있는 집이 결코 아니기 때문이다. 다음으로 기획자 혼자만의 생각으로 가능하거나 좋다고 하는 프로그램은 프로그램이 아니다. 이는 공감성의 문제이다. 프로그램은 가능한 많은 사람들이 함께 느낄 수 있고 함께 생각할 수 있는 것이어야 한다. 끝으로 10개의 다양한 프로그램 아이디어보다는 단 한 개일지라도 유용한 프로그램 아이디어가 더 중요하다. 이는 확실성의 문제로, 프로그램화했을 때에 실제로 즉시 제작 가능해야 하기 때문이다.

이런 전제들을 염두에 두고 프로그램을 제작했더라도 프로그램이 망하는 경우는 비일비재하다. 그 원인들을 찾아보면 대개 이런 경우들이 많다.

먼저 직접적인 요인들로, 애당초 기획 의도가 불분명했거나 제작에 불성실했거나 팀원 간의 불협화음 등으로 원활한 제작이 이루어지지 않은 경우다. 간접적인 요인들로는 우선 프로그램의 스타트 시기를 잘못 택한 경우이다. 예컨대 계절적인 요인을 들 수 있다. 〈전격출동 도시대탐험〉, 〈TV캠프 우리누리〉의 경우 프로그램의 편성 시기가 가을철이었다. 야외에서 제작해야 하는데 한창 촬영하는 시점이 겨울철로 이어져서 〈TV캠프〉의 경우에는 야외에서 물이나 기타 소품들을 사용하기가 어려웠다. 반면에 〈6시 내 고향〉의 경우는 시작 시기가 봄철이어서 싹이 트고 꽃이 피는 모습을 영상에 담을 수 있어 더욱 빛을 발할 수 있었다. 시청 타깃을 잘못 선정한 경우도 있다. 〈접속! 신세대〉는 청소년이 주시청층인데 평일 저녁시간대에 편성되었고, 〈행복이 가득한 집〉은 노년층이 주시청층인데 심야 시간대에 편성되었다. 이 둘은 성공한 경우와 실패한 사례이다. 다음은 편성시간이 잘못되었던 경우이다. 〈도시 대탐험〉은 2TV의 프라임 시간대에 편성되었지만 제대로 된 역할을 하지 못했고, 〈인간가족 휘파람을 부세요〉는 프라임 시간대였지만 각 방송사의 CM 송출 시간대에 교묘하게 편성되어 우위를 점할 수 있었다. 타 방송사의 프로그램을 너무 완벽하게 모방해 망한 경우도 있다. 일본 프로그램을 모방해서 제작했던 S사의 〈서세원의 슈퍼 스테이션〉은 거의 그대로 베낀 것이 탄로 나는 바람에 매스컴에까지 공개되어 결국 폐지 수순을 밟았다. 그밖에도 너무 많은 제작비를 투입해 경제성의 원칙에 어긋났다던가, 엠시 선정에 실패한 경우라던가 프로그램이 망할 요소는 곳곳에 산재해 있다.

마지막으로 성공한 프로그램과 실패한 프로그램을 사례를 통해 비교해보겠다.

먼저 포맷이나 구성, 장치 등이 독특했던 경우이다. 예컨대 〈보고 싶다 친구야〉, 〈도전! 골든벨〉, 〈불후의 명곡〉, 〈쟁반 노래방〉 등은 그 자체로 독특한 장치가 있어서 성공한 경우다. 캐릭터, 즉 출연자가 잘하는 경우도 성공한 프로그램이 될 수 있다. 유재석, 강호동 등은 누구라도 탐낼 만한 캐릭터들이다. 기획 의도와 성격이 확실하거나, 시간대가 좋은 경우도 성공할 가능성이 높다. 그 외에도 시대를 잘 읽었거나, 아이템이 꾸준하거나, 운이 따라 준 경우이다. 사실 무엇보다 중요한 것은 연출자가 탁월하거나 리더가 믿고 기다려준 경우이다. 아무리 3할 대의 높은 타율을 유지하는 타자라 하더라도 7번은 아웃을 당하는 법이다. 하지만 불행하게도 프로그램 제작에 있어서만큼은 다음 타석에 들어설 수 있는 기회가 그리 많이 주어지지 않는다. 프로그램은 창의성을 바탕으로 만들어지는 것이지만, 그 창의성이라는 것은 미리 준비해둔 것처럼 원한다고 해서 그때그때 바로 나오는 것이 아니다. 프로그램을 제작하는 데 필요한 제대로 된 지침서나 교과서가 있는 것도 아니다. 언론학과를 나왔다고 늘 성공하는 프로그램을 만들 수 있는 것도 아니고, 공부를 체계적으로 많이 했다고 해서 망하는 프로그램을 피할 수 있는 것도 아니다. 단지 시행착오를 겪고 실패에서 배우고 느끼면서 미리미리 위험 요인을 점검해 피할 수 있는 노하우를 갖고 있다면 그게 바로 성공으로 가는 빠른 길이 아닐까.

교양의 황금시대
그 빛 속으로!

TV로 발령받고 처음 배치된 곳은 TV 제작1국 교양1부였다. 드라마나 예능은 처음부터 희망했던 분야가 아니었고, 원래 원하던 장르가 다큐멘터리나 교양 프로그램 제작이었기에 무척 반가웠다. 이렇게 시작해 결국 교양 프로그램을 제작하는 일로 평생을 보내게 되었다.

피디가 프로그램을 맡는 것은 별도 특집이 아닌 경우 대부분 봄과 가을에 두 차례 실시되는 정규 편성 시기에 프로그램을 배정받아서 하게 된다. 이때 우스갯소리로 노비문서라고 불리는 프로그램 배정표를 받는데, 대부분 담당 국장에 의해 결정되는 업무분장표에 따라 움직이게 되는 것이라 일종의 발령장이라고 보면 된다. 그래서 프로그램 개편을 앞두고 있는 시기가 되면, 피디 본인이 특별히 준비한 기획 프로그램이 있는 경우가 아니라면 개편 때 어떤 프로그램을 맡게 될 것인지가 초미의 관심사가 되곤 했다. 특히 어린 피디들의 경우, 능력 있는 피디라면 여러 곳에서 '피디 초이스'라는 이름의 선택을 받지만, 그렇지 않다면 본인의 의지와 상관없이 그냥 끌려가는(?) 신세로 전락해서 프로그램을 맡는 경우도 많았다.

내가 처음 들어갔을 당시 교양국 프로그램에는 〈인간승리〉, 〈월요 응접실〉, 〈상쾌한 아침입니다〉, 〈스튜디오 830〉 등이 있었고, 어린이 청소년 프로그램으로 〈우리들 세계〉, 〈TV유치원 하나 둘 셋〉, 〈모이자 노래하자〉, 〈누가 누가 잘하나〉 등이 있었다. 그리고 처음 맡은 프로그램은 20분짜리 데일리 청소년 프로그램인 〈달려라 중계차〉였다. 이 프로는 시작한 지 2년 정도 지난 프로그램이라 거의 폐기(?) 직전 취급을 받고 있었고, 때마침 여러 특집이 자주 편성되는 바람에 이런저런 특집에 차출되는 경우가 많았다. 5공화국 정부가 막 시작되던 때라서인지 유독 특집 프로그램이 많이 편성되고 있었다. 아이로니컬하게도 이 시기에 그야말로 다양한 프로그램들이 나타났다. 내 생각에 TV의 황금시대는 아마도 80년대에 접어들면서부터 본격적으로 시작된 것이 아닌가 싶다.

언론 통폐합, 일본보다 16년이나 늦은 컬러 방송의 시작, 아침방송 재개, 2TV 전국 방송, ENG 카메라의 본격적인 등장, 1983년의 역사적인 이산가족 찾기 방송, 1984년의 LA 올림픽 등 1980년 초반 무렵부터 본격적인 TV 시대가 도래했다고 볼 수 있다. 특히 1TV, 2TV, 교육방송의 3개 지상파 채널을 가진 KBS로서는 공룡 미디어의 괴력을 마음껏 발휘할 수 있었던 기회였다. 이 당시의 주요 프로그램들로는 〈상쾌한 아침입니다〉, 〈스튜디오 830〉, 〈젊음의 행진〉, 〈가요 톱 텐〉, 〈전국노래자랑〉, 〈장수만세〉, 〈주택복권〉, 〈비밀의 커텐〉 등이 있었으며, 시대를 대표할 만한 대형 프로그램들이 자리를 잡는 시기였다.

특히 이원홍 사장의 부임과 함께 시작된 급격한 변화는 모든 제작 환경과 조건들을 변화시켰다. 좋게 표현한다면 프로그램의 혁신이고, 한 단계 올라서는 도약의 시대로 진입하는 때였다. 거의 매 주마다 특별 생방송이라는 이름의 각종 프로그램들이 방송되었는데, 그것은 방송사의 거의 모든 제작 리소스와 역량을 총집결시켜 이뤄낸 총체적 산물이었다. 불가능한 것은 없었고 안 되는 것도 없는 그런 시절이었다. 대부분 주말에 방송되는 특집의 특성상 행정적 지원을 위해 담당자가 주말을 반납하고 대기해야 했고, 마이크로웨이브가 안 되서 포기해야만 했던 과거의 한계들도 몇 단계를 거쳐서라도 기어이 해결해 방송을 가능케 하는 상황들로 바뀌었다. 지금도 기억나는 당시 생방송 특집 프로그램들로 〈서울을 푸르게 가꾸자〉, 〈겨레의 마음은 하나〉, 〈독립기념관 건립을 위한 기금 모음 18시간 생방송〉, 〈낙동강 천삼백리〉, 〈국도 1호〉, 〈300리 한려수도〉, 〈스트레스 이기는 비결〉, 〈청소특집 – 봄맞이 청소합시다〉, 〈이런 건강식 어떻습니까?〉 〈유리 겔러 쇼〉 등이 있었다. 당시에는 이와 같은 수많은 프로그램들이 끊임없이 만들어졌다. 그리고 이러한 대형 생방송의 탁월한 성과들은 결국 〈이산가족 찾기〉 생방송이라는 세계적인 프로그램을 탄생시키는 데 크

이 시기에는 특별 생방송 프로그램들이 수시로 방송되었다. 당시 생방송 큐시트

나큰 역할을 해낸다.

또한 이 무렵부터 TV 방송사를 둘러싼 획기적인 변화가 일기 시작한다. 그 변화란 외부적으로는 시청자들이 보다 적극적으로 TV 앞으로 한 걸음 더 가깝게 다가왔음을 의미하고, 내부적으로는 방송사들의 통폐합과 구조 조정 등을 통해 양대 방송사를 중심으로 응집된 힘을 갖추게 된 것을 말한다. 또한 필름 시대를 마감하는 ENG 같은 장비들의 도입과 소프트웨어의 발전에서 비롯된 제작능력의 향상으로 인해 한 차원 수준 높은 프로그램을 제작할 수 있게 되면서 비약적인 발전을 시작한다. 바보상자로 불리던 TV에 관심을 보이기 시작한 열정적인 시청자들, 2개로 집중되면서 더욱 커진 방송사의 힘, 새롭게 선보인 신기술로 갖추게 된

제작능력, 몇 걸음 앞서 있던 일본의 선진 방송사들에게 배운 노하우 등으로 인해 획기적인 발전을 이루게 된 것이다.

바야흐로 교양 프로그램의 성장기라 부를 수 있는 시기로 이전까지의 단순한 프로그램 제작형태나 기법에서 벗어나 이즈음 2~3년간은 가히 TV 프로그램의 격변기라고 불릴 수 있을 정도로 많은 변화를 겪게 된다. 이에 따라 〈무엇이든 물어보세요〉, 〈추적 60분〉, 〈사랑방 중계〉, 〈생방송 오늘〉, 〈7시 명랑열차〉, 〈퀴즈탐험 신비의 세계〉, 〈가족오락관〉, 〈연예가 중계〉 등 지금도 기억할 만한 프로그램들이 수도 없이 만들어진다.

이 시기를 기점으로 새로운 제작군도 본격적으로 자리를 잡기 시작한다. 제작의 필수인력이라 할 수 있는 구성작가가 대표적이다. 보다 전문적이고 다양한 구성을 할 수 있는, 즉 종합구성을 할 수 있는 작가들이 필요해지면서 드라마나 다큐멘터리 작가가 아닌, 본격적인 구성작가들이 탄생하게 된 것이다. 이들이 피디들과 함께 프로그램 제작의 양대 축을 이루면서, 작가들의 수요가 계속 늘어났고 메인 작가, 보조 작가, 자료 조사 등을 맡는 작가들로 세분화되었다. 라디오에 근무할 때는 작가 원고료를 200자 원고지 매수로 계산해서 지급했었는데, 그것과는 다른 지급 방법, 이를테면 편당 또는 10분당 기준으로 지급하게 된 것도 이 무렵이었다. 무엇보다도 원고나 큐시트 등을 직접 육필로 쓰다가 컴퓨터를 사용하게 되면서 훨씬 더 간편하고 효율적이 되었다. 원고를 찢어 던질 필요도 없어지고, 화이트로 지워야 하는 수고로움도 없어졌다. 다만 워드를 배워야 하는 번거로움이 늘어난 것뿐이었다.

또한 구성상, 단순한 정보 전달 수준에서 벗어나 내용을 보다 재미있고 흥미롭게 전달하기 위해 리포터라는 직업이 생겨났고, 이러한 역할을 맡기 위해 코미디언이나 개그맨들을 참여시키는 경우가 늘어났다. 스튜디오에도 전문적인 연사 외에 이야기꾼, 즉 패널들을 출연시키게 되었다. 늘어나는 업무를 도와줄 수 있는 FD라는 이름의 보조 피디 인력이 생겨난 것도 바로 이 무렵이다. 이 모든 변화들이 결국은 프로그램 구성 방법상의 변화, 즉 종합 구성이라는 프로그램의 탄생으로부터 기인했다고 봐도 이상하지 않을 것이다.

또 한 가지 장비의 발전을 들지 않을 수 없다. 80년대 이전에는 영상자료를 활용할 때 필름이나 스틸 사진 또는 스탠다드 테이프(2.4센티)를 사용했었는데, 이 무렵부터 훨씬 더 가벼워진 헤리칼 테이프로 바뀌었다. 뭐니뭐니해도 이 모든 것들을 변화시킨 것은 바로 ENG의 등장이 아니었나 싶다. ENG 카메라는 구석구석 아주 작은 것들까지 세밀하고 섬세하게 촬영할 수 있어서 원하는 곳은 어디든 들고 다니며 촬영할 수 있었다. 더구나 필름처럼 1회용이 아닌, 몇 번씩 재활용할 수 있는 만능 기자재였다. 촬영 장비는 계속 발전을 거듭하면서, 녹화기와 촬영을 분리 사용하던 U메틱에서 베타컴 등의 일체형으로 바뀌었고, 해외 취재 갈 때 가져가던 테이프 가방도 절반 이상 줄어들었다. 그 후로도 6미리, 8미리 등을 거쳐 지금은 테이프를 사용하지 않는 상태로까지 발전한다. 아울러 편집기도 나날이 발전을 거듭했다. 일대일 편집기에서 시작해 2대1 편집기, 그리고 나중에는 컴퓨터를 사용하는 난리니어 편집기까지 끊임없이 발전했다.

기술의 발전은 필연적으로 프로그램 내용상에서도 비약적인 발전을 이룰 수 있게 도움을 주었다. 종래에는 절대 불가능하다고 생각되었던 것들이 이제 불가능한 것이 없는 상태로 바뀌게 된 것이다.

교양 프로그램의 전성시대

본사 TV 본부에 와서 첫 입봉작으로 만든 것이 〈멋있게〉라는 신설 프로그램이었다. 요리 강습 프로그램은 간혹 있었지만 TV에서 대놓고 패션을 이야기한 경우는 당시까지는 거의 없었다. 88올림픽을 앞두고 패션의 생활화와 선진화를 추구한다는 의도로 만들어졌으며, 실제로는 값싼 옷이라도 어떻게 하면 더 멋있고 세련되게 입을 수 있는가를 주제로 한 프로그램이었다. 사실 지금 기준으로 생각해보면 여러 면에서 많이 촌스러운 프로그램이었다. 어쨌든 〈멋있게〉라는 프로그램은 전혀 멋스럽지 않게(?) 한 시즌만에 막을 내렸고, 곧바로 〈생방송 오늘〉 제작 팀으로 옮기게 되었다. 초창기의 신완수 피디와 왕영은 씨의 뒤를 이어 송지헌, 유애리 씨가 진행했던 〈생방송 오늘〉은 매일 저녁 8시 30분부터 1시간 동안 그날 취재한 촬영 영상을 그날 저녁에 생방송으로 내보내는 시스템이라 그야말로 피를 말리게 했다. 아이템을 못 찾으면 이른 석간이 배달될 때까지 기다렸다가 거기에서 아이템을 찾

첫 연출 프로그램인 〈멋있게〉 녹화 장면(이동순 차장과 이지연 MC)

아 곧바로 취재를 나갔고, 촬영 후에는 돌아와서 편집, 원고까지 완성해서 방송을 내보내는, 그야말로 한시도 정신을 놓을 수 없는 프로그램이었다. 당시 나는 대략 10여 분 분량의 코너물을 제작했는데, 이틀에 한 번꼴로 방송해야 하는 형편이었다. 그나마 다행이었던 것은 당시 고생하며 배운 덕분에 향후 어지간한 아이템들은 전혀 겁을 내지 않게 되었다는 것이랄까. 웃기는 이야기지만 지금 생각해보면 말도 안 되는 일도 있었다. 당시는 '뚜뚜 전'이라는 말도 있었다. 9시 뉴스 첫 아이템으로 어김없이 전두환 대통령 관련 뉴스가 송출되는 것을 비꼬듯 말한 것이다. 그러다 보니 시청자들의 원성이 높았고 뉴스를 기피하는 현상까지 나타났다. 반면에 2TV에서 비슷한 시간대에 방송되는 〈오늘〉의 인기는 엄청 높았다. 그러던 어느 날, 저녁 9시에 뉴스 먼저 방송하라는 오더가 내려왔다. 결국 9시 직전에 〈9시의 데이트〉라는 코너를 만들어 토크 코너를 우선 진행하고, 대통령 뉴스가 끝난 후 우리가 제작한 프로그램들을 송출해야 했다. 지금 돌이켜보면 정말 말도 안 되는 시절이었다. 〈오늘〉이라는 프로그램이 그만큼 재미있었다는 이야기도 되겠지만, 또한 그만큼 뉴스를 보기 싫어했던 시절이라는 반증이기도 했다.

7개월여를 그렇게 정신없이 보낸 후, 속된 말로 정말 때깔 나는 프로그램을 해보고 싶었던 나는 또 다시 프로그램을 옮기게 된다. 이번에는 매일 새벽에 방송되는 신설 프로그램인 〈아침의 광장〉이었다. 게다가 이번에는 12명 피디들 중 최고선임이라 데스크 역할을 맡았다. 다시 1년 동안 아침 생방송 프로그램 제작 생활을 했다. 당시에는 당연히 외주가 없어서, 오로지 인하우스 피디들과 4명의 작가들이 매일 방송을 메꿔(?) 가는 시스템이었다. 그때는 지긋지긋해서 다시는 돌아보지 않을 것 같았는데, 돌아보니 이 두 개의 프로그램은 나에게 긴장감과 자신감을 주었던 것 같다. 무엇보다 종합구성의 다양한 기법과 연출법을 터득하게 된 자양분 역할을 해준 시간이었다.

이후 〈6시 내 고향〉 등의 다양한 생방송 프로그램부터 〈도전! 골든벨〉 같은 청소년 프로그램, 〈러브 인 아시아〉 등의 종합구성 프로그램, 그리고 〈걸어서 세계 속으로〉 같은 여행 프로그램들에 그런 요소들이 배어나올 수 있었던 것이다.

이어서 맡은 신설 프로그램은 〈당신의 우리말 실력은?〉이었다. 전공을 살려서 우리말에 대한 퀴즈 프로그램 기획안을 제출했는데, 마침 채택이 된 것이었다. 엠시는 라디오에 있을 적부터 함께

해왔던 이계진 선배로 그 또한 전공이 국문학이어서 모처럼 죽이 잘 맞았다. 당시에는 우리말과 글에 대한 관심이 갑자기 높아지고 있던 때라서 더욱 신명 나게 만들 수 있었다.

그런데 갑자기 피치 못할 사정이 생기는 바람에 석 달 만에 다른 피디에게 프로그램을 넘기고, 〈사랑방 중계〉로 옮기게 되었다. 1987년의 6·29 선언으로 모든 분야에 민주화의 기운이 움트면서 방송계에도 자성의 목소리가 터져 나오기 시작했다. 피디 협회가 탄생했고, 이듬해에는 언론인 출신이 아닌 첫 번째 사장으로 서영훈 사장이 취임하면서 방송사 최초로 노조가 창립되었다. 이런 분위기 덕분에 자율적인 프로그램 제작의 기운이 싹트기 시작했고, 이미 일본에서 1963년에 시작되었던 외주 프로그램 제작 시스템 또한 1989년부터 활성화되면서 제작 기법상의 진일보를 이뤘다. 이 무렵부터 다양한 종합구성 프로그램들이 본격적으로 발전하게 된다.

"나는 찌라시 전문(?) 피디입니다!"

일본어에서 유래된 말로, 여러 사람에게 알리기 위해 만든 종이쪽지를 속되게 표현한 '찌라시'라는 말이 있다. 대부분 읽지 않고 곧바로 쓰레기통으로 버려지는 낱장의 종이를 지칭하니 그리 중요하지 않은 정보를 의미하는 것일 게다. 프로그램을 제작하는 피디로서 절대로 그런 표현을 해서는 안 되겠지만, 한때 스스로를 찌라시 같은 프로그램만 제작하는 것 같다고 자조적으로 비하한 적이 있었다. 예컨대 바로 옆 부서에서는 그야말로 폼 나는 특집 프로그램들을 제작한다고 매번 해외 취재에, 충분한 제작비에, 여유 있는 제작기간까지 충분히 누리면서 프로그램을 만들고 있는데, 상대적으로 그렇지 못한 속상함을 빗대어서 했던 말이었다. 게다가 그런 프로그램을 제작하는 피디는 프로그램을 마친 후에 어김없이 상까지 받게 되니 더욱 빈정이 상하는 일이었다.

반면에 시계추처럼 매일매일 방송되는 데일리 방송 프로그램만 제작하다 보니, 마치 내가 쓰다가 버려지는 소모품처럼 생각되어져 전혀 신바람이 나지 않았던 것이다. 그런데 그런 생각은 비단 나만 했던 것이 아니라 교양 프로그램을 담당하던 다수의 피디들의 공통된 생각이었다. 오죽하면 신라시대의 골품제에 빗대 성골, 진골, 육두품까지 거론하며 스스로를 그렇게 자조하듯 불렀을까. 지금 와서 생각해보면 복에 겨워 했던 말일 수도 있지만, 어떻든 그렇게 배우고 습득한 경험들로 한때 교양 프로그램의 황금 같은 전성기를 누릴 수도 있었으니 정말 다행이었다. 한때 찌라시 프로그램이라고 스스로 비하하기도 했던 그 프로그램들이 지금 돌이켜보니 나름대로 큰 의미들을 간직하고 있었던, 소중한 보석이었음을 다시 한번 느끼는 요즘이다.

소금처럼 맛을 냈던… <인간가족 휘파람을 부세요!>

상당수의 피디들이 공감하겠지만 교양 프로그램의 주된 소재 중 하나는 '사람'이다. 그래서 다큐멘터리나 종합구성이나 그 장르에 상관없이, 사람을 소재로 하는 프로그램은 항상 만들어졌고 또 가장 중요한 부분을 차지하고 있었다. 나 역시 사람에 대한 프로그램에 늘 관심을 가지고 있었다. 특히 그중에서도, 특별히 심각하거나 부담스럽지 않은 그런 사람들을 주된 소재로 하는 프로그램을 항상 염두에 두고 있었다. 마치 소금처럼 꼭 필요한 곳에서 맛을 내며 겸허하게 자기 역할을 하는 프로그램을 만들고 싶어서 그랬던 것일까?

지역 근무를 마치고 다시 본사 발령을 앞두고 있던 1994년, 후배로부터 서울에 올라오자마자 제작해야 할 프로그램이 있다는 이야기를 들었다. 일반인 대상 프로그램으로 주된 내용은 신나게 휘파람 불면서 출근하고 즐겁게 휘파람 불면서 퇴근하는 미니 휴먼 프로그램을 제작하라는 것이었다.

월요일부터 금요일까지, 매일 저녁 7시 50분부터 8시까지의 프라임 시간대에 10분간, 그것도 2TV에서 방송되는 프로그램이었다. 특별히 상 받을 만큼 장한 일을 한 것도 아니지만 차분하게 제자리에서 제 할 일을 하는 사람들이 그 주인공들이었다. 이들은 여타 휴먼 다큐멘터리의 주인공들처럼 기가 막힐 정도로 감동적인 삶을 살아서 두고두고 생각나는 사람들이 아니었다. 그냥 여기저기에서 쉽게 만날 수 있는 우리 이웃들의, 일부러 화려하게 꾸미지 않은 무채색 그대로의 이야기들이었다.

딱새 아줌마로 불리는 이동 화물차 아줌마, 언제나 신나게 노래하는 주방장, 종지기 시인의 꿈, 폐교를 앞둔 청마 3총사의 마지막 수업 등 주변에서 언제 어디서든 마주칠 수 있는 사람들이 주인공이었다. 하지만 정작 방송이 나간 후의 반응은 의외로 좋았고, 시청률도 최고 27%까지 기록했다. 그 시간대가 마침 경쟁사의 CM 송출 시간대이기도 했지만, 나름 일반 사람들의 평범한 이야기가 오히려 더 먹히지 않았나 싶기도 하다.

10분짜리에 불과한 프로그램이기는 하지만 한번은 이런 일도

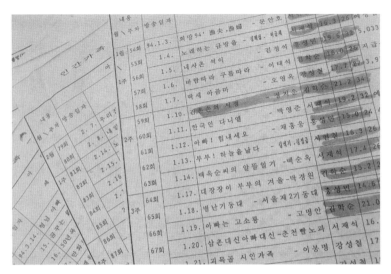

〈인간가족 휘파람을 부세요!'〉의 시청률 기록표

10분물 휴먼 프로그램으로 성공했던 〈인간가족 휘파람을 부세요!'〉

있었다. 보육원에 봉사를 다니던 분이 있었는데, 이 분이 광주 보
육원에 세탁물 봉사를 나갔다가 마침 그때 우연히 출연했던 실종

된 아이를 2년 전에 그 아이를 잃어버린 고창의 이웃집 엄마가 알아보고 찾아주게 된 것이다. 100회가 되었을 때는 〈살아있는 동화〉라는 이름으로 두 개의 에피소드를 묶어서 방송하게 되었고, 이후에는 〈살아있는 동화〉라는 이름의 프로그램으로 시리즈를 만들어서 100회, 200회 등 계기 때마다 방송을 이어 갔다. 결국 이러한 이야기들이 후일 〈TV동화 행복한 세상〉의 전신이 되었다고 스스로 자부하고 있다.

어떻든 허구적인 영상이 넘쳐나는 세상에서 직접 찍은 화면들로 채워진 실사 화면을 보면서 진짜 삶의 이야기를 듣는 것은 일종의 신선함일 수 있었던 것 같다.

〈인간가족 휘파람을 부세요!〉는 250회로 꼭 1년간 방송했다.

다시 한번 그 푸르던 날로… <TV내무반 신고합니다>

벗어날 수만 있다면 뭐라도 할 것 같았던
그 시간들 나 이젠 추억으로 돌아보네
숨쉬기 힘든 고통도 가슴이 터질 듯한 서러움도
이겨내야만 했던 나만의 이유가 있어
끊임없이 내게 다짐한 내 꿈이 살아 있잖아
여기 세상을 메운 모든 것과 살아가는 순간에
아직 포기할 때가 아니야 끝까지 가보는 거야
끝없이 넘어지고 또 일어서던 그날을 기억해

푸른 제복에 담긴 푸른 꿈 언제나 새로운 날에

눈뜨며 다짐하고 또 다짐하던 그날을 위하여

난!

- 〈TV내무반 신고합니다〉의 주제곡.
강진구 씨가 만든 〈나만의 이유〉

1998년! 이 해를 기억하는 이유는 개인마다 다르겠지만, 아마 많은 국민들은 가장 가슴 아팠던 해, IMF가 일어났던 해로 기억할 것이다. 바로 그해에 사회적으로 IMF와 더불어서 이슈가 된 사건이 또 하나 있었으니, 바로 당시 이회창 대통령 후보 아들의 병역비리 문제였고, 결국 대통령 선거에 출마했던 이회창 후보는 낙마를 하게 되었다. 모든 국민들이 실의에 빠졌고, 그동안 누리고 지녀왔던 많은 것들을 포기하고 절망하던 그런 때였다.

그런 분위기에서 새로운 프로그램을 기획하게 됐는데, 그때 만든 프로그램이 바로 〈TV내무반 신고합니다〉였다. 대부분 다시 돌아가고 싶지 않은 그런 시절이겠지만, 군복무 시절에는 '하지 못할 것은 아무것도 없었다.' 속된 표현으로 '까라면 깐다'는 심정으로 그 모든 불가능과 불합리를 모두 이겨내지 않았던가? 그런 불굴의 용기를 되살려 눈앞에 닥친 여러 어려움들을 헤쳐 나가자는 생각이 이 프로그램의 시발점이었다.

아무런 문제없이 군대를 다녀온 정치, 경제, 연예계의 유명인사를 초대해, 군 복무 당시 같은 내무반에서 함께 동고동락했던 전우들과 함께 당시의 추억과 경험담을 나눈다는 기획이었다. 이들이 군 복무하던 시절의 다양한 에피소드들을 이야기하며, IMF로 실의에 빠진 국민들에게 용기를 주는 한편 나아가 군에 대한 부정적 이미지를 가진 젊은이들에게 고귀한 국방의 의무에 대해 다시 한번 상기시켜준다는 생각이었다.

제작진을 구성하면서 김영국 차장을 비롯한 7명의 피디들을 선발했다. 첫 번째 조건은 무조건 현역 출신이어야 한다는 것이었다. 책임피디인 나를 비롯해 김영국 차장 등 제작에 참여한 7명 피디가 전원 현역 출신이었다. 그중 신동만은 석사장교, 윤중경은 카투사, 최필곤은 해병대, 엠시 이계진은 학사장교, 이용식은 사병, 신윤주 아나운서를 제외한 모두가 현역 출신이었다.

프로그램 내용은 스튜디오와 VCR로 구성했는데, '부대 소개', '선배가 간다', '쫄병수첩', '보고 싶다 전우야' 등의 코너물로 구성했다.

'선배가 간다'는 현역으로 다녀온 유명인이 출연해 그 유명인과 같은 시기에 내무반 생활을 했던 20여 명의 전우들과 스튜디오에서 군대 시절의 이야기를 나누는 코너였다. 그들이 당시 현역으로 근무했던 내무반을 찾아가 당시와 똑같이 1박 2일 현역 체험을 하면서 그들이 근무했던 곳을 돌아보거나 활동했던 내용을 다시 한번 경험해보는 내용들로 꾸며졌다. '쫄병수첩'은 당시에 그들이 실제 겪었던 에피소드를 코믹하게 꾸민 코너로 현역 군인들이 출연해서 당시 상황을 대역으로 재연했다. 대부분 쌍팔년도 시절(여기서 쌍팔년도란 아마 다들 알고 있겠지만 단기 4288년인 1955년이다.) 주로 60~70년대에 현역으로 군대를 다녀왔던 사람들을 주인공으

예비역들의 프로그램인 〈TV내무반 신고합니다〉의 신문기사

로 만든 프로그램이었다. 당시의 험하고 힘들었던 군대 시절을 이제는 추억으로 돌아보는 내용들이다. 예를 들어, 이용식 같은 경우는 취침 시간에 몰래 취사장에 김장 김치를 훔치러 들어갔다가 김장통에 빠지는 바람에 아침까지 그 안에서 고통받았던 경험이 방송되었다.

'보고 싶다 전우야'는 전역 후 만나지 못했던 전우를 찾아서 만나게 해주는 코너로 당시의 사연들을 재연으로 보여준 다음 당사자와 깜짝 상봉하게 해주는 내용이었다.

마지막 에필로그는 〈전우〉라는 노래를 배경에 깔고 군대 시절의 동화 같은 감동적인 이야기들을 흑백 영상으로 보여주는 내용이었다.

탤런트 강남길 씨가 출연한 첫 녹화를 하는데 당시 백두산부대 출연자들이 일반인이라 너무 긴장하는 바람에 당시 김영국 차장이 FD한테 술을 사오라고 시켜 리허설하면서 술을 먹이기도 했다. 술이 알딸딸해진 다음부터는 말이 술술 나오고 말이 많아져 무사히 첫회 녹화를 마쳤던 기억이 있다. 그 후로 논산 제2훈련소 본부 근무대, 을지 흑표부대, 해병대 사령부 의장대, 해병 제1사단. 청룡부대, 수도방위 사령부 등의 부대 출신이 소개되었다. 이 프로에 출연함으로써 무사히 병역을 완수했다는 것이 자동적으로 증명되어 현역으로 군대를 다녀온 출연자들이 굉장히 선호하던 프로그램이었다. 강남길, 최종원, 엄용수, 홍사덕, 김흥국, 정동영 등 유명인들이 많이 출연했고, 특히 노무현 대통령도 국회의원 시절 '이기자부대' 편에 출연했었다.

소년은 군대에서 남자가 된다. 그래서 남자들은 군대 시절 이야기로 밤을 지새우기도 한다. 엄격한 규율과 닫힌 공간이라는 한계가 있지만 혈기왕성한 그들은 거기에서 찬란한 20대를 보낸다. 그 자랑스러웠던 시절을 기억해보았던 이 프로그램은 2년간 방송된 후, 다시 〈청춘! 신고합니다〉로 만들어졌고, 내용도 쇼 프로그램식 구성으로 많이 바뀌게 되었다.

가장 아쉬웠던 그 프로그램… 〈당신의 선택 - 소다수〉

파일럿 프로그램이란 정규 편성을 결정하기에 앞서 미리 한 편

앙케트 프로그램인 〈당신의 선택 – 소다수〉 녹화 장면

을 제작해 방영한 뒤 시청자들의 반응을 살펴보는 프로그램을 말한다. 이를테면 제품을 내놓기 전에 미리 시제품을 선보여서 그 제품의 가능성을 점쳐 보는 것이라고나 할까. 그동안 파일럿 프로그램으로 제작해 성공한 경우는 불행히도 손가락으로 헤아릴 수 있을 정도밖에 없지만 사실 가장 애착을 가질 수밖에 없는 것이 파일럿 프로그램들이었다. 태어나기는 했으나 곧 사라질 수밖에 없는 운명이었기에 더 애착이 갔는지도 모르겠다. 〈TV 만남 추억의 교실〉, 〈비디오 편지 왔습니다〉, 〈생존퀴즈 예측불허〉 등이 생각나는데, 그중 가장 아쉬웠던 프로그램은 〈당신의 선택 – 소다수〉와 〈다 함께 – 차차차〉이다. 언젠가 다시 누군가 제작할 수도 있을 거라는 기대감이 아직도 진하게 남아 있는데, 과연 가능할까?

〈당신의 선택 – 소다수〉는 일반인 100명이 참가하는 대형 앙케트 게임 쇼로, 참가자들의 즉석 투표 결과에 의해 그 자리에서 곧바로 정답이 결정되는 전대미문의 게임 쇼이다.

비 내리는 날, 치마를 입을까 바지를 입을까? 인생의 최대 중대사인 결혼, 돈 많은 사람이 좋을까, 잘 생긴 사람이 좋을까? 사소한 것에서 중대한 선택까지… 살아가면서 내려야 하는 크고 작은 결정의 순간들! 만약 이런 경우라면, 다른 사람들은 과연 어떤 선택을 할까? 내가 선택한 결과를 놓고 다른 사람들과 경쟁을 벌여서 만약 내가 결정한 선택이 다수가 선택한 결과와 일치한다면 이 게임의 승자가 된다. 기본 원칙은 두 가지 중 하나를 택일하는 것과 다수결 원칙에 의해 결정하는 두 가지 요소이다. A인가? B인가? 두 가지 중 한 가지만 선택하면 되는 가장 단순한 게임 방식이고 어떤 선택을 하느냐에 따라 '진출'과 '탈락'이 가려질 뿐, 남녀노소, 지식의 유무와는 아무런 상관이 없기 때문에 누구라도 참여가 가능하다. 이 게임 쇼의 정답은 오로지 하느님만이 안다. 녹화 현장에서 그때그때 다수가 선택한 결과에 따라 즉석에서 정답이 결정되기 때문에 엠시도 제작진도, 출연자도 그 누구도 미리 예측하지 못하는 긴장감이 있다. 무엇보다 중요한 것은 무조건 다수 속에 포함되어야 한다는 것이다. 철저한 다수결 원칙에 의해 승리자 그룹이 결정되고, 다수결의 원칙에 따라 최후의 승리자가 탄생한다.

3단계로 진행되며, 각 단계마다 주어진 설문에 제시된 답 A, B 중 한 개를 선택하고, 취합한 결과 다수에 속하면 다음 문제로 진출하고, 소수에 속하면 탈락하는 진행 방식이다.

마지막 3단계에서는, 최후의 2명이 도전하는 3설문 2선승제의 골든 볼 방식, 2명 중 이미 탈락한 98명의 설문을 실시한 결과에 따라 3회 중 2번 이상 다수의 선택을 읽어낸 사람이 최종 우승을 하게 된다. 즉, 최후의 도전은 최종 우승자가 1문제를 놓고 도전해 동일 질문에 대한 탈락자 99명의 선택 중 다수의 결과와 최후 도전자의 선택 결과가 일치하면 더블 상금을 받고, 실패할 때(소수 쪽을 선택했을 시)는 절반의 상금을 획득한다. 최후의 우승자가 다수 의견을 맞추지 못했을 때는 다수를 선택한 참가자들이 남은 절반의 상금을 n분의 1로 나누어 가지게 된다.

제시되는 설문들은 다음과 같았다. 만약에 부모님 중 한 사람을 바꿀 수 있다면? A. 엄마 B. 아빠 중에서 선택한다. 배우자와 몇 살 차이가 나면 '도둑놈' 소리가 나올까? A. 12살 이상 B. 12살 미만 중에서 선택하는 식이었다.

2010년 콘텐츠진흥원 프로그램 포맷 공모에서 선정되어 파일럿으로 1차 제작했고, 12월 23일 KBS 1TV에 방영되어 8.5%라는 시청률을 거두기도 했었다.

이 프로그램의 포맷은 자유롭게 변환 가능한 것이 특징이다. 고교생 100명, 직장인 100명 등 모집단을 다양하게 변환시킬 수도 있고, 연예인 위주의 캐릭터 프로그램이 아닌 일반인 대상 포맷이 이 프로의 핵심이기 때문에 글로벌 마켓에서도 판매 가능성이 높다.

글로벌 마켓에서는 포맷 프로그램이 대세인데, 제작 후 성공한다면 〈도전! 골든벨〉에 이어 100명이 참여하는 KBS의 새로운 형식의 게임쇼 포맷으로 홍보해 해외에 판매할 수도 있을 것이다. 지식 유무와 상관없이, 남녀노소 불문 누구나 동시에 참여 가능한 개방형 프로그램으로 다수결의 원칙을 응용한 진행방식과 단순하고 이해하기 쉬운 내용의 친근함이 특징이다. 무엇보다 미리 정해진 정답이 없고, 즉석에서 정답이 결정되기 때문에 긴장감이 있으며. 지식 위주의 경쟁보다는 오락적 요소가 강한 게임 쇼 프로그램이다.

또 하나의 여행 다큐 - <사진 한 장 속의 세계>

해외여행 프로그램으로 가장 장수하고 있는 〈걸어서 세계 속으로〉는 〈즐거운 세계여행〉과 〈지구촌 기행〉, 〈다큐멘터리 극장〉 등 3개의 프로그램들을 직접 제작했던 내가 각 프로그램들의 내용과 형식에 대한 장단점을 보완해서 만들었던 프로그램이다.

KBS를 나와서 제일 먼저 시도했던 일도 여행 관련 프로그램을 다시 제작하는 것이었다. 이왕이면 단순한 여행이 아닌 특별한 목적을 가진 여행 프로그램을 만들고 싶었다. 그래서 학생들에게 도움이 될 수 있는 교육적 자료가 담긴 프로를 만들게 되었다.

〈사진 한 장 속의 세계〉는 중고교 교과서에 실린 자료 사진 속 현장을 직접 탐사해서 제작한 프로그램이다. 고등학교 시절 이집트의 피라미드에 대해 배울 때, 그 내부는 어떻게 생겼는지 또 그 속에는 무엇이 들어 있는지, 피라미드 옆에 있는 스핑크스의 뒷모습은 어떻게 생겼는지 등 실제 궁금했던 내용들을 직접 촬영해서 보여주자는 생각이었다. 중고교 학생들의 세계사와 지리 교과서 속에 게재된 스틸 사진 90개의 현장, 세계사에 큰 획을 그었던 주요한 역사적 현장들이 있는 세계 14개국 45개 도시를 기행 다큐 전문 피디들이 150여 일 동안 직접 답사 취재해 본격 HD영상 다큐 프로그램으로 만들었다. 역사적 현장의 실제 현재 모습은 물론 그 현장이 있는 도시와 관련된 생생한 생활 문화 등을 함께 취재하되, 각 지역별로 10개의 테마를 선정해 총 10부작으로 제작했다. 각 편마다 독특한 주제가 살아 있는 고품격 세계사 및 문명 탐사 다큐멘터리였다. 특히 이번에는 '선제작 후판매' 방식으로, 미리 제작을 해 놓은 상태에서 완성된 프로그램을 구매자에게 직접 판매하는 방식인 셀러스 마켓을 한번 시도해보겠다는 의욕도 있었다. 영세한 제작사라면 감히 꿈도 꾸지 못할 일이지만, 사실 이런 것을 하기 위해 회사를 나왔던 것인지라 가능할 수 있었다. 더구나 다행인 것은 이 프로그램이 콘텐츠진흥원 공모에 선정되어 1억 원의 지원을 받게 되었던 것이었다. 총 2억 5,000만 원의 제작비를 투자해 14개국을 취재한 프로그램 10편을 만든 것이 바로 〈사진 한 장 속의 세계〉였다.

1편; 태양의 아들, 사막에 서다 - 이집트

2편; 신의 나라에 인간이 산다 - 그리스

3편; 로마의 영광, 다시 핀 꿈 르네상스 - 이탈리아

4편; 거대한 제국, 위대한 만남 - 터키

5편; 사라진 문명, 유럽의 로망 - 페루, 아르헨티나

6편; 이유 있는 오만 - 영국

7편; 꿈꾸는 자만이 자유에 닿는다 - 프랑스

8편; 동방에 뜬 두 개의 우주 - 중국, 인도

9편; 가장 깊은 고통이 가장 큰 꿈을 만든다 - 독일, 오스트리아, 폴란드

10편; 그곳에 이방인은 없다 - 브라질

제작진으로는 초창기 〈걸세〉의 틀을 잡았던 노홍석, 김군래 피디가 참여했고, 음악은 오미자 감독, 내레이션은 김성주, 이금희 아나운서, 글은 오정요 작가가 맡아 약 8개월 동안 제작되었다. 다행스럽게도 이 프로그램은 처음 예상했던 대로 셀러스 마켓의 가능성을 보여주었다. OBS에서 첫 방송이 되었고, 이어서 광주 민방, 지역 MBC 몇 곳, 육아방송, 리얼티비, 리빙티비, 후드채널, 스카이HD 등 11개의 채널에서 방송되었다. 별도로 DVD로 제작

퇴사 후 사전 제작 방식으로 제작한 〈사진 한 장 속의 세계〉, 인형은 마스코트로 제작한 '굴리달리' 인형

해 500세트를 대행사와 내가 둥지를 틀었던 펜 엔터테인먼트에서 직접 판매했다.

이 모든 것이 가능했던 이유는 이 콘텐츠에 대한 저작권을 갖고 있었던 덕분이다. 바이어스 마켓이 아닌 셀러스 마켓의 위치를 갖게 되면서 가능해진 것이다. 그밖에도 학교에 교재로 판매하기도 했고, 프로그램의 상징물로 '굴리달리'라는 봉제 인형 캐릭터를 별도로 제작했는데 성공하지는 못했지만 충분히 의미 있는 시도였다. 금전적인 성패 여부를 떠나서 오랫동안의 숙원이었던 결과를 확인할 수 있어서 정말 보람을 느낄 수 있었던 프로그램이었다.

제5부

방송은 추억을 남기고…

거기에 사람이 있었네

끝없는 유랑의 삶
그리스에서 만난 집시족

좀처럼 그런 일이 없었는데 오스트리아 촬영을 마친 후 단단히 탈이 났다. 여러 차례 해외 취재를 다니면서도 건강만은 자신했었는데 통 먹을 수도 없고 전혀 힘이 나지 않는 것이다. 혼자라면 몰라도 팀을 이끌고 프로그램을 제작해야 하는 리더로서는 큰일이 아닐 수 없다. 60일간의 취재 기간 중 아직 절반이나 남았을 때였다. 다음 목적지인 그리스에 도착했을 때 공항에서 기다리고 있던 가이드가 바로 알아차릴 정도로 피곤에 지쳐 있는 모습이었다.

첫 촬영지로 옮기고 난 다음 날 아침 가이드가 우리 취재팀을 깨웠다. 그가 우리 앞에 차려놓은 것은 한국식 아침 식사였다. 아직 우리가 잠들어 있을 시간에 2시간 거리에 있는 자신의 집까지 가서 부인에게 미리 준비시켜 둔 한국 음식을 가져와 직접 내놓은 것이다. 그때의 고마움이란 집 떠난 여행객이 아니라도 뭐라고 말할 수 없을 정도였다. 그 가이드는 바로 손영삼 목사였다. 별도의 가이드도 있었지만 이후로도 교회 일이 없을 때에는 우리들의 취재를 수시로 도와주었다. 귀국 후에도 손 목사와 지속적으로 연락을 하고 지냈다. 당시 그는 목회 활동 외에도 집시 선교에 힘을 쏟고 있었으며, 이를 위해 집시 소년을 양아들로 삼아 함께 지내고 있었다.

몇 년 전의 그런 기억 때문이었을까? 〈지구촌 기행〉을 제작한 후 세계 속의 독특한 민족을 취재하는 〈다큐멘터리 극장〉을 다시 제작하게 되었을 때 가장 떠오른 아이템이 '집시'였다. 그때 내가 집시에 대해 아는 거라고는 영화 〈노틀담의 꼽추〉에 등장하는 콰지모도가 사랑했던 여인 '에스메랄다'가 집시였다는 사실, 그리고 유럽의 거리를 방황하고 다니는 소매치기 중에 집시들이 많다는 것 정도였다. 그리고 보니 오페라 〈카르멘〉의 여주인공도 집시였다. 왠지 무언가 사연이 많은 이야기를 몰고 다닐 것만 같은, 마치 영화 속 비련의 주인공처럼 연상되는 그들을 언젠가 꼭 한번 직접 만나보고 싶었다. 그래서 이런저런 인연과 개인적인 관심으로 집시를 주인공으로 하는 프로그램을 제작하기로 했다. 이번에도 손 목사가 직접 맨 앞에 나서 도와주기로 했다.

집시라는 이름으로 살고 있는 사람들은 약 600만 명이다. 11세기부터 이곳저곳으로 이동을 시작해 현재 유럽 전역에 펴져 살고 있다. 집시의 기원이 인도라는 말도 있는데, 그리고 보니 내가 만났던 집시들의 생김새나 느낌이 묘하게 인도인과 비슷한 것 같기도 하다. 나라에 따라 '로마니', '롬', '찌가니'라는 이름으로 불리기도 하지만, '징가니'라는 이름으로 그리스에서 살아가고 있는 집시 숫자가 60~70만 정도로 가장 많다고 한다.

아직까지도 여기저기 떠돌이로 살고 있는 집시들도 있지만, 아예 한곳에 정착해서 살고 있는 집시들도 많다. 내가 이번 기회에 집중적으로 취재한 곳은 아테네 교외의 집시촌 '깜비'였다.

그들은 '바랑가'라 불리는 임시가옥에서 상수도도 없이 꾀죄죄한 모습으로 살고 있었다. 그럼에도 내가 만난 집시 소녀들은 정말 그림처럼 예뻤다. 하늘하늘한 긴 치마에 여름철이라서 대부분 맨발로 지내고 있던 모습이 유독 기억에 남는다. 취재 기간 동안 단 한 번도 그들이 찡그린 모습을 본 적이 없을 정도로 항상 웃는 모습들이었다.

깜비를 처음 방문했을 때가 마침 '빠스카'라 불리는 부활절 축제 기간이었다. 양들을 꼬치에 꿰어 통째로 굽고 있는 모습이 인상적이었다. 아무리 궁하게 살아도 부활절 축제만큼은 성대하게 차린다고 했다. 마침 한쪽에 젊은 여인이 검은 상복을 입고 혼자 있는 모습을 보았다. 얘기를 들어보니 남편이 사고로 사망했다고 했다. 미망인인 경우에는 축제는 물론 모든 행사에서 1년 동안 빠지게 된다고 했다.

처음 깜비에서 그들을 만났을 때, 그동안 수집해 온 캔 깡통들을 고물 트럭으로 쭈그러뜨리는 작업을 하고 있었다. 고물 수집은 집시들의 주요 돈벌이 수단이라고 했다. 때마침 한편에서 놀고 있는 아이들의 모습을 보게 되었는데 그들이 하고 있는 놀이가 신기하게도 자치기와 비슷했다. 그 놀이는 '칠리까'라고 부르고, 긴

그리스 집시들 취재 중 촬영한 어린이들의 자치기 장면

막대기와 작은 막대기를 사용해 치고 받는 모든 과정이 우리네 자치기와 똑같았다. 나중에 자료를 통해 확인했더니 이것 또한 아시아에서 유럽을 거쳐 전해진 것이라고 하니 그저 신기할 뿐이었다.

내가 만난 크리스토스 씨 부부는 42세, 31세라고 했다. 그들은 같이 지낸 17년 동안 12명의 자식을 두었다고 하면서, 취재팀에게 주민등록표(?)까지 보여주며 자식들을 일일이 소개해주기도 했다. 아무리 쌍둥이들이 있다고는 해도, 부인이 14살에 결혼해서 19살부터 매년 아이들을 낳았다는 것인지 잘 이해가 안 되기는 했다. 하긴 굳이 그런 것까지 밝힐 필요는 없는 것 아닌가.

일반적으로 집시들에게는 '감모'라고 하는 정식 결혼 말고도 '아빠고이'라고 부르는 보쌈 형식의 결혼이 있다고 한다. 집시들 중 약 70퍼센트 정도가 이런 방식을 택한다고 했다.

또 다른 집시들인 야니 씨 가족을 만났는데, 이들은 이동하는 집시, 즉 떠돌이 집시들이었다. 마침 그들을 만났을 때 대바구니를 만들고 있었다. 45년 동안 해온 일이라고 하는데, 보통 한 시간에 1개 정도씩 만든다고 했다. 감자밭에 일감이 생겼다고 해서 함께 따라 나섰는데, 보통 농사일은 7시부터 시작해서 3시 정도에 끝나는데 우리 돈으로 치면 12,000원 정도를 번다고 했다. 하긴 95프로가 까막눈이니 이런 단순한 노동력 제공 외에는 돈을 벌 별다른 방법이 없으리라. 요즈음에는 이웃 불가리아 사람들이 더 값싼 비용을 받고 일하러 들어오는 바람에 그마저도 구하기 어렵다고 탄식했다.

일을 마치고 돌아왔을 때 독특한 풍경을 보았다. '니글로'라는 요리를 먹고 있는데, 고슴도치로 만든 거라고 했다. 보기에는 좀 잔인했지만 그들에게는 별식이라고 했다. 야니 씨에 따르면 재수가 좋을 때는 고슴도치 20여 마리가 떼를 지어 가는 것을 잡은 적도 있다고 했다. 고슴도치를 요리하는 방식은 먼저 몸에 구멍을 내고 그곳에 속이 빈 대롱을 집어넣어 바람을 불어넣고 부풀어 오른 몸의 가시를 톡톡 쳐내어 제거한 다음, 불에 그을려 내장과 살점을 발라낸 후 뜨거운 물에 삶아서 소금에 찍어 먹는다고 했다. 한 점 맛을 본 동료의 얘기로는 마치 토끼고기의 맛과 비슷하다고 했는데, 나는 먹지 않았다.

취재 마지막 날, 크리스토스 씨의 딸 티나와 떠돌이 악사인 22살 빠노의 결혼식이 있었다. 접시를 깨트리며 행운을 비는 절차도 있었다. 결혼식의 피로연은 새벽까지 이어졌는데 특이했던 것

유랑하며 살아가는 집시들의 특식 고슴도치 요리 장면

은 피로연장에 온 축하객들이 전달한 축의금을 사회자가 즉석에
서 전체 참석자들에게 공개하는 것이었다. 일반적으로 축의금은
보통 15만 원 정도라고 했다. 한껏 치장한 옷을 입고 춤과 노래로
밤을 새워가며 즐기는 그들을 보면서, 그들이 내면에 품고 있을
한과 서러움을 느낄 수 있었다. 그들의 현실을 외면한 채 단지 소
설 속 주인공이나 영화 속 낭만적인 모습만으로 보았던 자신을 다
시 한번 반성하게 되었다. 그런 내 귓전에 "땅이 있으면 왜 떠돌겠
어? 어디건 정착해서 사는 것이 평생의 꿈이야"라던 야니 씨의 말
이 그후로도 오랫동안 맴돌았다.

'훈데르트바서'와 '멜리나 메르쿠리'를 만나다

전혀 기대하지 않았던 사람과의 만남, 그리고 정말 만나고 싶었던 사람과의 만남.

해외여행 프로그램을 제작하면서 만나게 된 두 분의 거장이 있다. 그중 한 분은 오스트리아의 대건축가 훈데르트바서이고 또다른 한 분은 그리스의 유명배우 멜리나 메르쿠리이다.

〈지구촌 기행〉 오스트리아 편 제작을 위해 자료 조사를 하다가 독특한 건축물이 눈에 들어왔다. 마치 동화 속 궁전처럼 곡선으로 만들어진 아파트였다. 그 건축물을 만든 사람이 바로 훈데르트바서였다. 일단 사진에서 보았던 그 건물들을 취재 목록에 넣어 놓았다.

오스트리아로 촬영 답사를 갔는데 우연찮게도 가이드를 담당했던 후배는 미술을 공부하던 유학생이었다. 그가 알려준 훈데르트바서는 기대 이상 정도가 아니었다. 스페인에 가우디가 있다면 오스트리아에는 훈데르트바서가 있다고 할 정도의 유명한 건축가였다. '죽기 전에 꼭 봐야 할 세계 건축 1001'에도 그의 작품들이 실려 있고, 한국에서 온 관광객들도 빼놓지 않고 그의 건축물들을 찾는다는 것이었다. 유대인이었던 그는 오스트리아 비엔나 출신으로, 일본인 아내가 있었다. 그는 색채의 마술사라는 평을 들었던 화가이자 건축가였다. 평범함을 거부한 강렬한 색채와 곡선으로 이루어진 그의 건축물 중 1985년 '훈데르트바서 하우스'가 완공되었을 당시 매스컴에서는 세계 8대 기적이라면서 온갖 찬사를 아끼지 않았다고 한다. 당시 그가 만들었다는 아파트를 촬영하기 위해 찾아갔는데, 이미 사람들이 살고 있어서 당연히 내부는 촬영할 수 없었다. 마치 동화 속 장난감 같은 발코니와 기둥, 창문들의 외경은 독특한 모습을 보여주고 있었다. 딱딱한 콘크리트 아파트에 익숙했던 나로서는 그런 부드러운 풍경을 보면서 일종의 황홀감 혹은 신비감을 감출 수 없었다. 때마침 훈데르트바서가 인근에서 박물관 건물을 신축 중이라는 말을 듣고, 내친 김에 그곳까지 찾아가게 되었다. 연말이라 텅텅 빈 공사 현장에서 촬영 준비를 하고 있는데, 바로 그때 허겁지겁 후배가 달려오더니 지금 갑자기 훈데르트바서가 현장에 왔다는 것이었다. 절대 예의가 아닌 것도 알고, 특히 외국에서는 그런 식으로는 절대 섭외가 안 된다는 것도 알고 있었지만 염치 불고하고 즉석 섭외를 했다. 다행스럽게도 그의 허락을 받을 수 있었다.

"건축이란 자연과 인간의 창조력과의 조화로 이루어져야만 합

건축가 훈데르트바서의 건축물과 인터뷰 중인 훈데르트바서

니다. 따라서 평면적, 직선적이어서는 안 되며 인간성, 자연미를 나타내야 합니다. 마치 수용소처럼 인간에게 유해한 것이 되어서는 안 되는 것이지요."

　동행했던 리포터의 즉석 질문에 훈데르트바서가 또박또박 답해준 말이다. 요즈음의 건물들은 평면적이고 직선적이어서 사람들이 만족하지 못한다고 말하면서 인간과 인류, 자연을 위한 건축에서의 새로운 혁명이 필요하다는 점을 강력하게 주장했다. 어떤 방식으로 색을 선택하느냐는 질문에는, 그때그때 생각이 떠오르는 대로 선택하며 미리 계획하지는 않는다고 했다. 그러고 보니, 그가 신고 있던 독특한 칼라의 짝짝이 양말이 유독 눈에 띄었다. 나중에야 그가 칼라의 대가라는 것을 알게 되었다. 어쨌든 우연한 만남치고는 정말 대단한 수확이었다.

그리고 또 한 사람, 멜리나 메르쿠리! 그리스 취재를 준비하면서 가장 먼저 떠올렸던 인물이었다. MM이라는 이니셜을 보고 당연히 마릴린 먼로를 생각하는 사람이 많겠지만, 나는 멜리나 메르쿠리라는 배우를 먼저 떠올린다. 팝송의 매력에 푸욱 빠져 있었던 고교 시절, 〈페드라〉라는 곡명의 노래가 있었다. 가수가 누구였는지는 기억나지 않았지만 그 멜로디만큼은 아직까지도 기억에 생생하다. 맨 마지막 부분에 "페드라! 페드라!"라는 이름이 불리면서, 자동차 브레이크를 밟는 소리로 끝나는 곡이었다. 꼭 보고 싶었지만 아직까지 보지 못한 영화의 주제곡으로, 우리나라에서 〈죽어도 좋아〉라는 제목으로 상영되었다. 영화의 마지막 장면이 바로 조금 전 노래의 끝 소절처럼 교통사고로 죽는 장면이었다. 그 영화 〈페드라〉에 주연으로 출연했던 배우가 바로 멜리나 메르쿠리다. 이름이 비슷해서 갑자기 떠오른 사람이 또 하나 있다. 바로 나나 무스쿠리다. 그리스 출신의 여가수로 〈하얀 손수건〉(우리나라에서는 트윈폴리오가 번안해 불렀다), 〈Over and over〉 같은 유명한 노래를 불렀던 가수다. 생각해보니 아무래도 그리스 사람 이름에는 '~쿠리'라는 단어가 자주 쓰이는 모양이다.

어쨌든 멜리나 메르쿠리는 그리스의 대배우로. 〈일요일은 참으세요〉, 〈스텔라〉, 〈시카고 시카고〉라는 영화에 출연했었다. 훗날 국회의원과 그리스 문화성 장관을 지낸 후 은퇴해서 조용히 살고 있는 중이었다.

〈지구촌 기행〉이라는 프로그램의 제작을 위해 찾게 된 그리스! 당시의 나에게 있어서 그리스는 그야말로 환상 속의 나라였다. 어렸을 때 즐겨 읽었던 신화의 나라, 고교 시절 세계사 교과서 첫 페이지에서 보았던 파르테논 신전, 그리고 〈희랍인 조르바〉를 쓴 니코스 카잔차키스의 나라로 대표되는 곳이었다. 그야말로 나에게 그리스는 어렸을 때부터 나이 든 당시까지 진정으로 꼭 한번 가보고 싶었던 나라였다. 프로그램 제작을 위해 자료 조사를 하면서부터 나는 멜리나 메르쿠리를 꼭 한번 만나보고 싶다는 작은 욕심을 가졌다. 아마 그리스 신화에서 영감을 받았다는 영화 〈페드라〉와 그 노래 때문이었는지도 모르겠다.

그리스에 도착해서 답사를 시작했는데, 당시 가이드를 맡았던 L형과 프로그램 협의를 하면서 맨 먼저 멜리나 메르쿠리를 만나 인터뷰하고 싶다는 의견을 가장 먼저 전했다. 다음 날 가이드는 "멜리나 메르쿠리는 이미 모든 사회 활동을 접고 은퇴한 후 조용히 살고 있어서 어디에 살고 있는지도 비밀이며 전화번호 또한 알 수 없다."라고 알려줬다.

포기할 수밖에 없었던 상황이었지만, 이상하게도 이것만큼은 쉽게 포기하고 싶지 않았다. 그러던 어느 날 가이드 L형이 부인에게 무심코 한국에서 온 강 피디가 멜리나 메르쿠리라는 배우를 만나서 인터뷰를 하고 싶어 하는데, 도대체 연결할 방법이 없다고 푸념을 했었던 모양이다. 그런데 당시 한 식당에서 일하고 있었던 L형의 부인이 멜리나 메르쿠리가 자신이 일하는 식당에 자주 와서 식사를 한다는 것이 아닌가. 멜리나가 동양인인 자신을 무척 친절하게 대해 주었다면서 혹시라도 다음에 멜리나 메르쿠리가 식당에 오면 꼭 이야기를 전해 보겠다고 하는 말을 해주었다.

그리스 취재는 한 달간의 일정으로 진행 중이었다. 확실치 않은 기대감에 젖어 하루하루 기다리는 동안 취재 기간이 정말 쏜살같이 지나갔다. 매일 멜리나 메르쿠리의 식당 방문 여부를 물었지만, 그녀는 정말 거의 한 달 동안 나타나지 않았다. 결국 포기한 채 아쉬운 마음을 달래고 있는데, 귀국을 단 사흘 남겨둔 날, L형의 부인에게서 급하게 연락이 왔다. 드디어 그녀가 식당에 나타났고, '한국에서 온 TV 크루가 당신을 꼭 만나서 인터뷰하고 싶어 한다.'라는 말을 건넸는데, 의외로 흔쾌히 허락하면서 자신의 집으로 초대를 했다는 것이었다. 마침내 귀국 하루 전날 밤에 우리 취재팀은 멜리나 메르쿠리의 저택으로 초대받아 원하던 인터뷰를 할 수 있었다. 그리스 여신을 상상하게 하는 은발의 그 얼굴, 은거해 조용히 사는 중에도 동양에서 온 우리를 환한 웃음으로 반기며 친절히 환대해 주던 그 모습이 지금도 생생하다.

인터뷰 후 멜리나 메르쿠리와 촬영

"나는, 역사라는 것은 아름다운 것임에 틀림없다고 믿습니다. 또한 신화가 없었다면 오늘날의 그리스인은 존재하지 않았을 것이라고 생각합니다. 모든 아름다운 것들은 진실된 것이지요."

1992년 취재에 흔쾌하게 응했던 멜리나 메르쿠리는 2년 후인 1994년에 사망했고, 훈데르트바서는 2002년 9월에 사망했다. 두 분의 거장의 모습이 지금도 자주 떠오르는 것은 왜일까?

툰드라의 유목민 사미족

특별한 사람들의 독특한 문화를 경험해 볼 수 있다는 것은 여행이 주는 가장 큰 매력이다. 아마 그런 이유들 때문에 사람들은 해외로 여행을 가는 것이 아닐까? 그런데 자비를 들이지 않고 그런 경험을 할 수 있다는 것은 피디를 하면서 맞게 된 가장 큰 혜택이었다. 물론 집 떠나면 고생이라는 말도 있지만 그건 또 다른 변명일 것이고….

어쨌거나 그렇게 해서 만났던 나라들 중 하나. 18만 개의 호수가 있는 나라, 국토의 75%가 숲인 곳, 1년의 절반이 겨울인 나라 핀란드다. 그곳 북위 66도 30분에 위치한 라플란드 주는 사미족의 최대 거주 지역이다. 중심 도시는 로바니에미이고, 일 년에 50만 통의 편지가 온다고 알려진 산타마을이 있는 그곳에서 처음으로 사미족을 만났다. 사미족은 북유럽 스칸디나비아 반도 북부 지역에 살고 있는 인구 약 6만 명의 소수 민족으로, 노르웨이 4만 명, 스웨덴 1만 5,000명, 핀란드에는 3,700명이 살고 있으며 유목과 수렵을 주력으로 하고 있다. 이들은 툰드라 지대에 주로 거주하고 있는데, '척박한 땅'이라는 '툰드라'라는 말도 사미어 '툰트리'에서 기원했다고 한다.

과거에 사미족은 엘크나 순록을 여름철에 방목하고 추운 겨울에는 농장으로 데려와 기르거나 사냥하는 것이 주된 일상이었으며, 엘크나 순록에게서 고기와 유제품·가죽 등을 얻어서 생활해왔다. 그런데 정작 〈다큐멘터리 극장〉 취재를 위해 자료를 찾아보면서 산타클로스 할아버지가 실제로 존재하지 않듯이, 순록이 끄는 썰매를 타고 다니는 사미족은 이제 거의 없고 유목 생활을 하는 사미족 또한 별로 없다는 것을 알게 되었다. 맞다. 우리나라가 6·25전쟁에 휘말려 있던 1950년대부터 그들은 이미 순록이 끄는 썰매 대신 스노모빌을 타고 다녔다. 순록이 끄는 썰매는 이제 관광용으로만 존재하고 있었다.

헬싱키에서 1,300킬로 떨어진 우츠요키 지역. 내가 찾아갔던 눈 덮인 마을에는 지붕마다 햇빛과 바람에 말리고 있는 순록 고기들이 시선을 끌었다. 말린 순록 고기는 '꼬이호베르꾸'라고 불렀는데, 나중에 먹어 보니 그 맛이 정말 기가 막힐 정도로 좋았다. 그곳에서 청홍색의 전통의상 '깍띠'를 입은 청년을 만났다. 그는 마침 집에서 기르던 순록들을 사냥하고 있던 중이었다. 그가 사용한 올가미는 '소풍끼'라고 불렀는데, 요즘에는 전통적인 올가미 대신 플라스틱 올가미를 사용한다고 했다. 사미족의 전통 칼인 '뿌꼬'를 사용해서 한 마리를 해체하는 데에는 불과 20여 분 정도밖에 걸리지 않았다. 사미족은 보통 1년에 13만 마리의 순록을 잡는데, 한 사람당 평균 150마리 정도를 사용한다고 했다.

다음 날 3,000마리의 순록을 방목하고 있는 토이보(67세) 씨를 따라 나서기로 했다. 순록을 일컫는 사미어는 '뽀로'로, 원래 야생이었지만 지금은 가축이다. 순록은 그 마을에서도 아주 멀리 떨어진 넓디넓은 툰드라 벌판에서 방목하고 있었기 때문이다. 출발 전 토이보 씨는 우리에게 준비를 단단히 시켰다. 순록 가죽으로 만든 신발을 별도로 신겨주었고, 외피 또한 그와 비슷한 것들로 챙겨주었다. 물론 탈것은 스노모빌이었다. 스노모빌에 연결시킨 썰매에 탄 우리들은 두 눈만 빼놓고는 거의 온몸을 모피로 둘러싼 에스키모 수준이었다.

4월 말의 한국은 아지랑이가 피어오르는 따뜻한 봄기운이 완연한 시기일 테지만, 눈이 허벅지까지 빠지는 그곳은 마을을 벗어나자 거의 전 지역이 꽁꽁 얼어붙은 완전 얼음 벌판이었다. 차라리 스노모빌을 앞에서 운전하는 것이 낫지, 절대로 뒤에 매달린 썰매에 탈 일이 아니었다. 스노모빌에서 튕겨져 나온 얼음조각들이 뒤로 날아오면서 꽁꽁 둘러 싸맨 틈새로 조금 뚫려 있던 두 눈마저 뜨지 못하게 만들었다. 북위 66.5도를 넘어선 북극점에 가까운 지역을 그렇게 달리고 있었다. 그래도 그런 대로 참을 만했다. 문제는 주인마저도 자신이 방목하고 있는 순록 떼가 지금 어디에 머물고 있는지 정확히 모른다는 것이었다. 얼음 벌판 위에서 순록 떼를 찾아 서너 시간여를 달렸지만, 결국 만나지 못했다. 오늘은 포기하고 돌아가자는 말이 토이보 씨의 입에서 나왔을 무렵, 그 벌판에서 또 다른 사미족을 우연히 만나게 되었다. 그들 또한 순록을 몰고 다니는 사미족 청년 두 명으로, 마침 벌판에서 식사 준비를 하고 있었다. 그들에게서 토이보 씨가 방목한 순록 떼가 어느 쪽에 있는 것 같더라는 이야기를 듣고서야 우리는 마침내 순록과 만날 수 있었다. 그렇게 어렵사리 만난 순록들, 3,000여 마리나 되는 순록 떼가 무리를 지어서 있는 그 모습은 말로 표현하기 힘든 장관이었다. 별도로 끌고 간 썰매 위에 있는 건초들을 나눠주기 위해 스노모빌이 움직이자 그 뒤를 따라 끝없이 따라붙던 순록 떼의 행진. 예전에 외국의 자연 다큐멘터리 프로그램에서 보았던 그 아름다운(?) 순록 집단의 거대한 움직임을 그날 바로 눈앞에서 보면서 한 번도 맛본 적 없는 경이로움을 느꼈다.

식사도 굶은 채 몇 시간씩 그들을 찾아 추위로 얼어붙은 벌판을 헤맸던 시간이 순식간에 사라져버리는 감동이었다. 그 순록 떼는 우리가 머물렀던 마을에서 공동으로 소유한 순록들이었다. 순록들은 스스로 먹이를 찾아 자리를 옮겨가면서 방목되고 있었다. 순록이 가장 좋아하는 먹이는 얼음 밭 속에 피어나는 이끼인 '야까라'라고 했다.

영하 15도의 혹한 속에서 순록들에게 건초를 주기 위해 순록을 부르며 토이보 씨가 했던 말이 기억에 남는다. "1950년쯤인가…, 그때 영하 52도쯤 되었고 어린 순록의 발이 얼어붙어서 톱으로 잘라낸 적이 있었지." 글쎄, 믿어야 될지는 모르지만 어쨌든 그런 혹한 속에서 살아온 사미족들의 지나온 삶에 다시 한번 경

사미족 전통의상을 입고 있는 사미족 할아버지

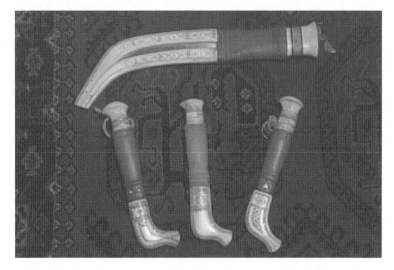

사미족의 전통 칼인 '푸코'

외감이 들었다. 사미족의 초등학교에 방문했을 때 어린 사미족 소
녀가 부르던 사미의 노래 '요이꾸'가 아직도 귓전에 들려오는 듯하

다. 이들도 언젠가는 현대인들과 동화되어서 또 다른 삶을 살아갈 수도 있겠지만, 순록이 거기에 있는 한 그 노래와 함께 영원하기를 빌어본다.

태국의 크리스마스!

내가 맨 처음 해외여행 프로그램을 제작했던 때는 우리나라에서 처음으로 해외여행 자율화가 시작되었던 1988년이었다. 올림픽을 앞두고 〈즐거운 세계여행〉이라는 프로그램이 생겼는데 처음에는 자료 테이프나 각 나라의 대사관에서 받아온 홍보용 테이프위주로 방송을 하다가, 마침 국내 굴지의 여행사에서 협찬을 해준다고 해서 본격적으로 해외 취재를 할 수 있었다.

그때 난생 처음 해외 여행이자 해외 취재로 태국을 가게 되었다. 인구 6,600만 명의 태국은 국왕이 있는 절대군주정 국가이면서 서양에 의해 식민지가 되지 않았던 동남아시아의 유일한 국가였다. 불교의 나라이자 사원의 나라로 주민의 95% 이상이 불교신자이며, 방콕에만 300여 개의 불교 사원이 있는 곳이다. 태국은 아름다운 왕궁과 많은 불교 사원들, 방콕과 치앙마이의 역사

유적, 남부의 아름다운 섬들 덕분에 동남아 전체에서 관광객들이 가장 많이 찾는 국가이다. 관광업이 국가 전체 GDP의 약 6% 정도를 차지하고, 부가이익까지 포함하면 20%를 차지하는 관광대국이다.

어쨌든 그 어느 나라보다도 당시 가장 인기가 많았던 태국을 첫 번째 취재 대상 국가로 선정하게 되었고, 리포터로는 평소 안면이 있었던 이현세 화백을 섭외했다. 〈공포의 외인구단〉으로 유명한 이 화백은 당시 주간지에 〈며느리 밥풀꽃에 대한 보고서〉 등 수많은 연재물을 집필하고 있었는데, 때마침 연말인지라 처음부터 난색을 보였다. 만화가로서 킥복싱을 실제로 본 적이 있느냐는 공갈과 협박성 꼬드김 등으로 겨우 섭외에 성공했다.

해외 취재의 경우 가장 중요한 스태프가 바로 코디네이터이다. 해외에서 피디의 입과 발이 되어주는 사람이 코디이기 때문에 코디를 잘 만나고 잘못 만나고에 따라 프로그램의 성패에 큰 영향을 미칠 정도였다. 코디는 대부분 촬영을 떠나기 전에 미리 선정하고, 또 취재해야 할 아이템에 따라 사전 섭외를 의뢰하기도 한다. 현지 여행사의 협찬으로 제작하기로 해서 코디 또한 그쪽에서 맡아서 선정하기로 되어 있었다. 그런데 현지에 도착하면서 엉뚱한 곳에서부터 일이 터지기 시작했다. 공항에서 처음 만난 코디는 태국에 들어온 지 불과 3개월 미만의 새내기 코디였던 것이다. 겨우 음식점에서 식사 메뉴 정도를 주문할 수 있을 정도 수준이라 다른 섭외는 물론 아무런 보조 업무도 기대할 수 없는 상황이었다. 촬영을 하기 위해 섭외를 가는 곳곳마다 취재 허가서를 요청하는 등 여러 가지 난관에 부딪쳤고, 그때마다 함께 간 코디는 아무런 역할을 하지 못했다. 사흘째 되던 날, 한국식당에서 저녁을 먹고 있는데 그곳에서 현지인들과 능숙하게 대화를 나누고 있는 사람을 보았다. 아무래도 한국인인 것 같아서 염치 불고하고 말을 건넸는데 마침 태국에 유학차 와 있던 한국 학생이었다. 내 사정을 말하고 이번 취재에 혹시 도움을 줄 수 있는지를 물었더니, 처음에는 난감해하더니 결국 승낙을 해서 2주일간 함께 취재할 수 있었다. 물론 그로서도 처음인 방송 관련 업무였는데 끝까지 그 역할을 훌륭하게 해냈다. 그는 훗날 태국 주재 한국대사관의 영사가 되었고, 나와는 이후로도 지속적인 만남을 가졌으니 인연치고는 참 대단한 인연이었다.

연말에 함께 답사를 가면서 독특한 풍경을 보고 그에게 물었다. 불교 국가인지라, 설마 크리스마스에 무슨 특별한 이벤트가 있을까 하는 생각에 물어본 것이었다. 당시 내 생각으로는 눈도 안 내리는 불교의 나라에 웬 크리스마스 이벤트? 당연히 그런 생각으로 물어본 것인데, 그의 답변은 나름 태국에도 크리스마스라는 걸 지내고 있고, 어떤 사람들은 크리스마스 파티도 한다고 했다. 사실 내가 가장 궁금했던 것은 바로 조금 전, 거리를 지나오면서 본 풍경이었다. 우리가 지나쳐 온 거리의 가장 큰 도로 중앙분리대 옆에 과일 바구니들이 죽 늘어서 있는 것을 보고, 내 시선을 끌었던 그것들의 정체가 궁금해서 질문했던 것이었다.

"그런데, 왜 길거리에 저 과일 바구니들이 놓여 있는 거죠? 누가 놓고 가는 건가요?"

"아! 저 과일 바구니들은 승용차 운전자들이 놓고 가는 겁니다. 일 년 내내 길거리에서 수고한 교통경찰들에게 마음껏 드시라고, 감사의 마음으로 놓고 가는 겁니다."

물론 태국은 과일 값이 저렴하고 흔하긴 하다. 그렇더라도…. 맞다. 비가 오나 눈이 오나(앗. 이건 아니다) 바람이 부나 길거리에서 국민들을 위해 고생하는 교통경찰들을 위해 그 정도 감사의 마음을 표현하는 것은 당연한 일인데…. 그러면 우리나라는? 그러면 나는? 순간 많이 부끄러워졌다. 명절 때면 나도 당연히 내가 사는 아파트 관리인에게 감사의 마음(아니면 잘 부탁한다는 마음, 아니면 다른 집들도 다 줄 테니까)으로 봉투를 건넸었다. 그때 봉투 겉봉에는 물론 000호라고 굵은 글씨로 써 있었다. 그런데 태국의 승용차 운전자들은 "이 선물을 내가 놓고 갑니다"가 아니라 그냥 "일 년 내내 애써주셔서 고맙습니다" 하는 마음으로, 누가 보낸 것인지도 모르는 상태로 그 과일 바구니들을 놓고 간다는 것이었다.

나보다는, 아니 우리 집보다는, 그냥 나는 안 보여도 그저 고마운 상대방을 배려하는 그런 마음이 나를 부끄럽게 했던 날이었다. 또 한 가지 가장 소중하고 중요한 것을 배우게 된 날이었다. 그리고 보너스로 한 가지 더 말하자면, 우리가 배웠던 동요 중에 "강남 갔던 제비가 돌아 오면은…"에 등장하는 강남이 바로 태국이라고 한다. 그 가이드가 알려준 말이다. 그래서 그런지 방콕의 대표적 환락가인 팟퐁의 전선줄에는 수십만 마리의 제비들이 빈틈 없이 앉아 있었다. 전선줄 위에는 한국에서 온 제비들이 줄지어 앉아 있고, 그 아래 유흥가인 팟퐁에는 한국에서 온 날라리(?)

불교의 나라 태국에서 촬영 중인 취재팀(리포터는 만화가 이현세 화백)

관광객들이 룰루랄라한다고 했다. 지금은 전혀 아니지만 해외여행 자율화 초기에는 정말 그런 우스개를 들었을 만큼 대단하기는 했었다.

프로방스 그리고 몽생미셸

안소니 퀸과 지나 롤로브리지다가 출연했던, 대학 시절 감명 깊게 봤던 영화 〈노트르담의 꼽추〉는 자막과 함께 내레이션으로 시작된다. 프랑스의 대문호 빅토르 위고가 노트르담 대성당을 둘러보다가, 벽 한구석에 손으로 새긴 그리스어 '숙명(ANARKH·아낭케)'이라는 글자를 발견했다는 내용이다.

세월의 때가 묻어 검게 패인 불길한 느낌의 그 글자를 보고, 도대체 얼마나 고통스러운 영혼이 있어 이런 단어를 성당 벽에 남겼을지 생각했고, 그 생각이 곧 영감이 되어 프랑스 낭만주의 문학의 대표작 〈노트르담의 꼽추〉가 탄생했다는 것이다.

피할 수 없는 운명을 곧 숙명이라고 한다. 노트르담 대성당 종지기 콰지모도와 집시 여인 에스메랄다의 사랑이 그랬다는 것일까? 피를 토해 낼 것 같은 그런 운명적인 사랑이라면 손톱이 닳아 없어지도록 글자를 새길 수 있었는지도 모르겠다.

공동묘지에서 에스메랄다를 껴안고 죽은 콰지모도의 시체가 발견되는 것으로 영화는 끝나지만, 당시 받았던 젊은 날의 감흥은 그 후로도 오랫동안 머릿속에 남아 내 여행 버킷리스트의 첫 머리쯤에 자리 잡게 되었다.

그리고 나는 프랑스 대혁명이 일어났던 1789년으로부터 꼭 200년이 지난 1989년 7월에 그 노트르담 대성당 앞에 서 있었다. 많이 우스꽝스럽지만 혹여나 남아 있을지도 모른다는 상상으로 '아낭케'라는 벽 속의 글자를 한참 동안 찾아다녔다. 당연하게도 찾아 헤맨 작업은 아무런 성과가 없었다.

많은 사람들이 그렇겠지만, 프랑스라는 나라는 내게 있어서도 꼭 한번 찾아가고 싶은 꿈의 여행지이자 가장 우선하는 목표였다. 그러니 해외 취재를 앞두고 우선 취재 대상국으로 프랑스를 선정한 것은 나로서는 당연한 일이었다. 두말할 것 없이 프랑스는 세계사의 주역이었을 뿐만 아니라, 문화와 예술을 대표하는 나라이자 문학 작품이나 미술 작품의 중심지로도 첫 손에 꼽는 나라가 아니었던가. 개인적인 사심은 접어놓더라도, 1989년은 프랑스 대혁명 200주년이 되는 해로, 프랑스 전역이 다시 한번 혁명이 일어나기라도 할 것처럼 들떠 있었다.

그런 이유로 뜨거운 혁명 열기를 1편에 담고, 관심이 있었던 문화와 예술 쪽은 2편에 담기로 취재 계획을 세웠다. 그 참에 꼭 한번 방문해보고 싶었던 곳들을 포함시켰다. 그곳이 바로 북프랑스 노르망디의 몽생미셸과 남프랑스의 프로방스 지방이었다. 이들 역시 영화 〈라스트 콘서트〉의 무대였고, 〈몬테크리스토 백작〉과 알퐁스 도데의 수많은 문학 작품의 무대가 되었던 곳들이다. 영화나 소설의 탄생지를 여행한다는 것은 참으로 신나는 일 중의 하나이다. 그것은 몇 가지의 즐거움을 동시에 안겨준다. 예컨대 주인공이 느꼈을 비슷한 분위기와 냄새를 동시에 맡게 되는 그런 즐거움이 아닐까. 왠지 그 분위기라면 꼭 그런 대사나 장면이 나올 수밖에 없는, 나오고야 말 것 같은 그런 느낌이 드는 것이다. 그래서 명작의 고향이나 명곡의 고향은 유명 여행지가 되고 또 여행자의 향수를 채워주는 곳이 되는 것이 아닐까.

어쨌든 그런 생각으로 가장 먼저 찾은 곳은 몽생미셸이었다. 일정상 하루 만에 당일치기로 다녀와야만 했던 몽생미셸은 고등학교 시절 영어 교과서에서 처음으로 봤던 곳이다. 때마침 영화에서 다시 한번 보게 된 곳이라서 무리였지만 강행하기로 했다. 몽생미셸은 프랑스 북부에 위치하고 있는데, 파리에서부터 자동차로 5시간 정도 소요되는 지점에 있었다. 어렸을 적 사진에서만 보았던 그곳, 몽생미셸은 섬에 있는 수도원으로 중세시대에 성직자들이 그 섬에 있는 성당을 찾기 위해 바닷물이 빠진 겉이 드러난 땅으로 걸어 가다가 다시 바닷물이 들어오는 바람에 할 수 없이 하늘나라로 갈 수밖에 없었다(?)는 이야기가 전해지는 곳이다.

관광객들이 무척 많이 찾아가는 그곳은 좁은 골목길과 오르막길이 인상적이었다. 작은 섬 하나에 성 하나 달랑 서 있는 곳. 그 성의 꼭대기에는 동상이 하나 있는데, 아마 그 동상의 이름이 성 미카엘이었던 것 같다. 불치병을 앓고 있는 스텔라와 작곡가

멀리 보이는 것이 북부 프랑스의 '몽생미셸'

인 리처드라는 영화 속 주인공 이름이 아직도 기억나는 영화 〈라스트 콘서트〉는 남주인공의 공연을 보면서 여주인공이 죽어가는 장면으로 끝나는, 우연히 만나 필연적으로 사랑하다가 결국 슬프디 슬픈 종말을 맞게 되는 그런 영화였다. "내 인생을 다 드렸어요. 미안해요. 너무나 짧은 시간이어서…, 안녕, 내 사랑 잘 있어요." 가슴절절했던 마지막 대사가 아직도 맘 속에 남아 있는 그 영화에 등장한 바닷가가 바로 몽생미셸이었다. 결국 파리에서 새벽 5시에 출발해 중간에 잠깐 촬영을 하고 11시쯤에 몽생미셸에 도착했다. 그리고 그곳에서 촬영을 한 후 곧바로 돌아오는 일정이라 당일치기로 저녁 8시쯤에 다시 파리로 돌아왔던 것 같다. 결론적으로 말하자면, 그날의 무리했던 여행은 두고두고 절대 후회하지 않을 여행이 되었다.

그리고 또 한 곳, 젊은 목동과 주인집 스테파네트 아가씨의 순수한 사랑을 그린 〈별〉의 무대 프로방스 지방. 책에서 읽었던 그대로 그리 높지 않은 구릉들과 회색빛 바위들로 만들어진 산, 그리고 정말 양들이 뛰어다닐 법한 그런 분위기 있는 곳, 알퐁스 도데가 썼던 단편들의 무대가 그곳에 있었다. 〈풍차 방앗간〉의 무대, 그리고 〈별〉의 무대.

프로방스는 높은 산이 아니라 낮은 구릉이었고, 나무들로 빽빽한 울창한 숲이 아니라 오히려 헐벗고 회색빛 바위들로 가득 찬 그런 곳이었다. 돌을 던지면 바위들에 부딪히면서, 마치 당구알처럼 맨 위에서 아래까지 떼굴떼굴 굴려 내려올 것만 같은 곳이었다. 만약 밤이었다면, 그 맑은 공기와 어둠 속에 정말 ☆별☆처럼 빛나는 '별'들로 가득할 만한 그런 곳이랄까.

들판에 서 있는 키 낮은 나무들의 윗부분부터 쓸어 올리면서 언덕 위까지 올라오던 바람, 그리고 그 바람이 쉬어가는 언덕 위에 덩그러니 서 있던 돌지 않는 풍차와 방앗간. 풍차 방앗간은 그때 당시 풍차 박물관으로 바뀌어, 알퐁스 도데의 유품과 원고, 글씨들이 보관되어 있었다. 생각해보니 프로방스가 더욱 더 아름다울 수 있었던 것은 바로 그곳에 알퐁스 도데의 멋진 사랑이 있었기 때문이었을 것이다. 영화와 문학 작품들로 인해 젊은 시절의 나를 다시 한번 소환해주는 프랑스는 그래서 많은 사람들의 버킷 리스트가 되고 있는 게 아닐까.

취재 기간 중에 떼제베 옆자리에 앉았던 어린 아이의 책을 잠시 빌려 본 적이 있다. 그때 어린 아이가 보고 있던 동화책이 궁금해 동승했던 가이드에게 설명을 들었는데, 그 내용이 나로서는

프로방스에 있는 '알퐁스 도데'의 풍차
박물관

사뭇 충격이었다. 어린이가 보던 책에는 페이지마다 한 장의 그림
과 한 줄씩의 문장들이 적혀 있었는데, 그 내용은 바로 프랑스의
대문호들로부터 뽑은 최고의 책, 그리고 그 책 안에서 뽑은 최고
의 문장들이라는 것이었다. 선조들이 남겨준 세계 최고의 명작들
을 보면서, 프랑스의 어린이들이 배우게 되는 것은 바로 모국어인
프랑스어에 대한 자긍심과 조국에 대한 무한한 사랑… 그런 것이
아닐까.

바다 마을 이야기 (1)
꿈을 키워주마!

　대학 졸업 후, 첫 직장은 서해안의 면 소재지에 있던 작은 고등학교였다. 시간에 따라 밀물과 썰물이 넘나들던 폐항구에는 썰물 때 드러난 개펄에 작은 게들이 수도 없이 헤집고 다녔고, 해질녘이면 서해의 낙조가 쓸데없이 가슴을 저며 왔다. 그곳에서 뻘밭의 게들과 더불어 나의 젊음을 시작했다. 스스로 이름 붙이기를 바닷가 게 선생, 유행가 가사처럼 해당화 피고 지지는 않았지만, 섬마을(?) 총각 국어 선생님의 교사 생활의 시작이었다.

　그런데 참으로 희한한 것이 그 학교에 발령을 받기 전부터 인연을 맺은 우연이 있었으니, 상급 학교로 진학하면서 한동안 헤어졌던 중학교 시절 단짝을 간간히 소식만 주고받다가 바로 그곳에서 만나게 된 것이었다. 그 친구는 수업을 하면서 학생들에게 가끔 이런 이야기를 했었다고 한다. "나는 조금 있으면 군에 입대할

텐데, 내 중학교 친구 중에 지금 사범대를 다니는 친구가 한 명 있는데, 그 친구 전공이 국어 과목이다. 절대 그럴 리는 없겠지만 혹시라도 내가 군대 간 후에 그 친구가 이 학교에 온다면 나를 본 것처럼 반가워해줘라." 그런데 농담처럼 학생들한테 이야기했던 그 친구가 있던 바로 같은 학교에 발령을 받았다. 대한민국에 고등학교가 5,000여 개, 중학교는 한 10,000여 개인데, 그 많은 학교들 중에 하필이면 그 친구가 근무했던 바로 그 학교에 내가 가게 된 것이다. 그래서 나는 부임 전부터 이미 학생들에게 알려져 있었다. 세상에는 그런 우연도 있다.

어쨌든 그렇게 첫 수업이 시작되었다. 나에 관해서는 이미 충분히 알고 있었던 학생들 중에 누군가가 첫 질문을 했다. 그런데 그 질문이 나를 놀라게 했다.

"선생님! 다른 선생님들이 우리가 아무런 쓸모도 없는 놈들이라고 하시던데, 선생님도 그렇게 생각하시나요?"

돈이 있는 집 아이들은 대부분 도회지로 떠나고, 공부 잘하는 애들도 다 대처로 나가고 나니 이도 저도 없는 아이들만 이곳에 남아 있는 현실을 자조적으로 이야기했던 것이다. 많은 생각이 순간적으로 머릿속을 스치고 지나갔다. 돌아보면 그 시절은 누구라고 할 것 없이 다 어려웠던 시절이다. 나 또한 그리 유복한 시절을 보냈던 것은 아니다. 그럴 때마다 기운 빠진 나를 강하게 붙들어주었던 생각은 '나는 앞으로 절대 이렇게 살지 않겠다'라는 다짐이었다. 그리고 그것은 앞으로 내가 살아가야 할 삶의 목표가 되었다. '앞으로 이렇게 살지 않겠다'라는 말은 뒤집어 말한다면 곧 '이렇게 살겠다'라는 말과 같은 말이 아니겠는가.

잠시 생각한 후 나는 이야기를 시작했다.

"작은 것이든 큰 것이든, 가능한 것이든 불가능한 것이든 중요한 것은 꿈을 갖는 것이고 목표를 갖는 것이다. 집이 없는 사람들은 집을 갖겠다는 목표로 살고, 돈이 없는 사람들은 돈을 벌겠다는 목표로 살아간다. 지금 여러분의 상황이 도회지나 다른 곳의 학생들보다 훨씬 더 어려울 거라고 생각하지만, 그렇다고 해서 꿈이나 희망까지 그들보다 어려운 것은 아니다. 그렇다면 지금 여러분은 어떤 꿈을 꾸고, 어떤 목표를 갖고 살아가고 있나. 내가 여러분에게 가르치고 싶은 것은 학문이나 지식이 아니라 꿈을 심어주는 일이다."

대략 이러한 말들로 첫 질문에 대한 대답을 했던 것 같다. 그리고 이러한 내 생각은 이후에도 변함없이 이어졌고, 교직을 그만두고 방송국 피디로서 청소년 프로그램을 만들면서도 한 번도 잊은 적이 없다. 비록 짧은 기간이었지만, 교사로 근무했던 동안에도 기억나는 학생들과 기억나는 일들이 많았다.

부임 후, 수업은 2, 3학년 현대문과 고문, 문법 등을 맡았고, 담임은 1학년 3개 반 중 한 반을 맡았다. 담임이면서도 그 반의 수업이 없어서, 우리 반 학생들에게 너무 미안하고 또 한편으로는 많이 아쉽기도 했다. 그러던 중 첫 시험을 앞두고 종례를 하면서, 우리 반 학생들에게 이런 미안한 내 마음을 전하면서 열심히 공부하라는 부탁 삼아 전체 급우들에게 볼펜인지 뭔지를 선물했다. 하지만 중간고사 결과는 속상하게도 우리 반이 전교에서 꼴찌를 하고 말았다. 성적표를 나눠주던 날, 종례시간에 매(솔직히 몽둥이는 분명 아니었을 것이다.)를 한 개 준비했고, 비장한 마음으로 "우리 반이 전교 꼴찌를 했다. 이것만은 용서가 안 된다"라는 그럴 듯한 말을 한 후에 1번부터 끝번까지 공평하게(?) 칠판에 손을 짚으라고 하고 엉덩이를 석 대씩 때렸던 기억이 난다. 그런데 이 체벌이란 것이 묘한 게, 몇 명째 때리다 보니 스스로에게 점점 더 성질이 나는 것이었다. 지금 내가 뭐하고 있는 것인가 하는 생각과 함께, 이 친구들은 왜 꼴찌를 해서 착하디 착한 나로 하여금 이런 야만스러운 짓을 하게 만드는 것인가라는 생각까지. 이런저런 것들 때문에 나중에는 제풀에 화가 나서 씩씩거리며 더 심하게 체벌을 하게 되더라는 것이다. 지금에 와서야 이야기하지만 요령도 없이 무식하게 양복을 입은 채로 때리다 보니 그날 내 단벌 양복의 오른쪽 겨드랑이가 터져버리기까지 했었다.

그런 일이 있었는데 하필이면 다음 날 한 학생이 결석을 했다. 처음에는 그럴 수도 있으려니 생각했는데, 이틀, 사흘이 지나면서 걱정이 되기 시작했다. 그렇지 않아도 그 친구는 키도 작았고 몸도 약해 보여서 평소에도 관심을 뒀던 터라 더욱 걱정이 되었다. 사흘이 지나서야 일단 가정 방문을 하기로 작정하고, 반장과 함께 집을 찾아 나섰다. 그 친구의 집까지 가는 길은 꽤 멀었다. 차도 없었던 시절이라 터덜터덜 아마 한 두어 시간 정도 걸어가지 않았나 싶다. 편안한 마음으로 갔더라면 정말 아름다웠을 그 마을의 풍경! 바닷가 마을은 언덕 위에 있었고, 집에서 내려다보면 바로 아래가 서해 바다였다.

어렵사리 방문했던 친구네 집에는 아무도 없었다. 옆집에 물어보니 그 친구가 아파서 며칠 동안 누워 있었고, 하필 내가 방문했던 그날 아침에 부모님과 함께 전주에 있는 병원으로 갔다는 것이었다. 이야기를 들어보니 이전부터 자주 아팠었는데, 그런 사정도 모르고 단체 체벌이라는 명목으로 때리기까지 했으니, 마치 내가 때려서 그렇게 된 것처럼 돌아오는 내내 그 친구에 대한 미안함과 속상함으로 무척 우울했다.

얼마 후 계속 출석부에 장기결석으로 남아 있던 그 친구는 결국 휴학을 했다. 그 부모님이 오신 날, 장기 치료를 해야 할 것 같아 휴학을 할 수밖에 없노라고 하시면서 오히려 나에게 고맙다는 인사와 함께 쑥스럽게 신문지 봉투를 내미시는데, 그 속에는 부모님께서 열심히 수확하셨을 김 한 톳이 들어 있었다.

45년이 지난 지금까지도 나는 그 당시의 제자들을 만나고 있지만, 여전히 그 친구의 소식은 듣지 못했다. 다만 아직까지도 그 친구에 대한 미안함을 가슴에 품은 채 살고 있다.

바다 마을 이야기 (2)
'게(蟹)'를 주제로 한 변주곡

　다섯 달 만에 학교를 떠난 후, 그해 졸업식 날 다시 학교를 찾아갔었다. 제자들이 보고 싶기도 하고, 또 축하해 주고 싶었다. 이런저런 이유를 핑계로 찾아갔었는데, 정작 졸업식이 있었던 학교에는 올라가지 않았다. 글쎄, 왜 그랬을까. 지금은 잘 기억이 나지 않지만, 아마도 집 나간 며느리가 정말 잘 대해 주셨던 시아버지 환갑날 찾아왔다가, 정작 집 안에는 못 들어가고 문밖에만 숨어 있다가 결국 그냥 돌아가고마는 그런 심정이 아니었을까 싶다. 대신 근무할 당시, 가슴이 울적해질 때마다 항상 거닐었던 방파제를 다시 찾았다.

　1875년 개항되었던 줄포는 일제강점기에는 150척 이상의 배가 정박할 수 있었던 서해 3포 중의 하나였다. 이 항구를 통해 호남 지방의 쌀이 일본으로 반출되었다고 한다. 경제 규모도 대단했던 터라 영화관이 2개나 있을 정도로, 당시 줄포의 위세는 군산에 버금가는 곳이었다고 한다. 그러다가 1950년대부터 토사로 인한 바다의 매몰로 점차 항구로서의 기능을 상실하게 되어 폐항하게 되었다.

인근의 부안에서 유년 시절을 보냈던 터라, 줄포는 나에게 생판 낯선 곳은 아니었다. 직장 생활을 시작하면 첫 3일을 잘 지내야 하고, 첫 3개월을 잘 지내야 하고, 첫 3년을 잘 지내야 한다는데, 학교에 부임한 지 두어 달쯤 지났을 때 생긴 이런저런 일들로 인해 나는 심한 가슴앓이를 하고 있었다.

그때 힘들었던 내게 가장 친한 벗이 되어 주었던 것 세 가지가 있다.

첫째는 큰 사거리 인근에 있던 가장 큰 정육점으로 소매도 함께하던 고깃집이고, 다음은 저녁 8시에 이수만 씨가 매일 진행하던 〈노래하는 곳에〉라는 라디오 프로그램이었으며, 마지막이 바로 줄포 뻘밭의 게들이었다. 이 세 친구는 항상 같은 시간에 나와 만나 가장 소중한 벗이 되어주었다. 저녁 식사를 하고 난 후, 지금도 그렇듯 거의 술 장애였지만, 그 정육점에 가서 소의 생간을 안주 삼아 소주 석 잔쯤 마신 다음 번화한 거리를 지나 민물과 해수가 만나는 수문 부근의 긴 뚝방 길을 거닐다가 그곳에 있는 게들과 이야기를 나누었다. 뚝방 아래 개펄에는 게들이 무척 많았다. 해질 무렵 그 뚝방에 앉아 망연히 게들을 관찰하는 것이 그 즈음의 저녁 일과였다. 정육점에서 소주 석 잔을 마시고 뚝방으로 가서 라디오를 들으면서 떨어지는 해를 보고 게들과 친구하는 것.

언젠가 나중에 혹시 글을 쓰게 될 일이 생기면, 제목으로 삼고 싶었던 것이 바로 '바닷가 게 선생'이었다. 그럴 정도로 나는 그곳과 그 분위기를 사랑하고 있었다.

그러다가 한번은 게의 생태가 궁금해져 도서실에서 백과사전을 찾아본 적이 있었다. 그 지역에서는 게를 '기'라고 불렀다. 물론 게가 표준어이다. 참게는 민물에 살고, 농게·방게·달랑게·엽낭게·넓적콩게 등은 바닷가 모래땅에서 살며, 그 밖의 게들은 대부분 바닷물에서 산다고 쓰여 있었다. 식성은 육식이고 행동이 굼뜨기 때문에 주로 움직이지 않는 사체를 뜯어먹으면서 영양분을 섭취하고, 생명의 위협을 느꼈을 때는 도마뱀처럼 자신의 다리를 잘라낸 채 도망가지만 잘린 다리는 나중에 재생된다고 했다. 그리고 게는 옆으로 걷는 것으로 알려져 있는데, 몸 상태가 정상이 아닐 경우에는 오히려 앞으로 걷는다는 것도 알게 되었다. 모두 총 열 개의 다리가 있고, 배 부분이 넓으면 암컷이고 좁으면 수컷인데, 수컷이 암컷보다 조금 더 크기 때문에 크기만 보고도 구별할 수 있다고 했다. 국어 교사인지라 게에 관한 속담들도 알아보았다. 옆으로 걷는 걸음을 '게걸음'이라고 하고, 사람이나 동물이 괴로울 때 흘리는 침을 '게거품', 음식을 빨리 먹을 때 '게눈 감추듯 한다.'고 하며 유전적 본능은 속일 수 없다는 뜻으로 '게 새끼는 집고 고양이 새끼는 할퀸다.'라는 속담이 있고, 아무 소득 없이 손해만 보았을 때는 '게도 구럭도 다 잃었다.'라고 한다고 적혀 있었다.

개펄 곳곳에는 헤아릴 수 없이 많은 구멍들이 마치 분화구처럼 솟아 있었는데, 그렇다면 그 구멍마다 각각 별도의 주인이 있을까 하는 전혀 쓸모없는 궁금증이 떠오르기도 했다. 그런데 그게라는 것이 참 희한했던 것이 내가 둑에 앉아 있을 때는 바글바글하며 개펄 속으로 들락날락 난리를 치다가도 그쪽으로 한 걸음만 발을 내딛으면 순식간에 구멍 속으로 약속이나 한 듯이 사라지는 것이었다. 모든 게들이 한꺼번에 그러는 것이 신기하기도 하고, 또 재미있기도 해서 한번은 둑 위에 서 있는 채로 널찍한 돌하나를 집어들어 게들이 있는 쪽으로 던져본 적도 있었다. 아나나 다를까 사람의 발소리는 알아차렸어도, 돌이 날아오는 소리는 전혀 눈치를 못 채고 즉석에서 한 마리는 맞아 죽었었다. 지금 생각해봐도 설마 맞아 죽으랴 하는 생각으로 그랬던 것인데, 새삼 그게에게 미안한 마음이 들기도 했다. 무료하기도 했었지만 한번 재미를 붙인 나는 내친 김에 또 다른 장난도 해보았다. 때마침 피우던 담배를 그 게의 구멍 옆에 놓아두고 올라와본 것이다. 물론 담배는 아직 꺼지지 않았기 때문에 연기가 모락모락 나고 있었다. 다시 둑 위에 올라 구경 겸 관찰을 하는데, 내 인기척에 놀라 잠시 사라졌던 게들이 다시 구멍 밖으로 나왔고, 담배꽁초를 두었던 바로 옆 구멍에서 나온 게가 잠시 멈춰 있는 듯하더니 내가 버렸던 꽁초를 갖고 그 구멍으로 다시 들어가는 것이었다. 확인은 안 해봤지만, 설마 그 게가 꽁초를 피우지는 않았을 것 같은데, 그렇다면 그 게는 그날 담배 연기에 중독되어 사망했을지도 모른다. 만약 그렇게 되었다면 그 원인은 분명 내 탓은 아닐 것이다. 스스로 꽁초를 갖고 들어간 것은 그 게였으니까 말이다.

자연이나 동물, 식물은 거짓을 말하지 못할 터인데 그런 순수

함이 남아 있는 곳들 중 한 곳이 줄포였다. 그래서 그곳 태생은 아니지만 아직도 그곳을 사랑하고 있는 것인지도 모르겠다.

졸업식장에 가지 못한 대신, 모처럼만에 게들과의 추억을 되돌아보면서 아쉬움을 달랠 수 있었으니 그나마 다행이었다.

여행을 통해 맺은 인연

1988년 해외여행 자율화가 시행되면서 많은 사람들이 해외로 떠나기 시작했다. 그때 제작하게 된 프로그램이 바로 〈즐거운 세계여행〉이다. 처음에는 이곳저곳에서 알음알음 구해온 영상 자료들로 방송을 만들다가, 마침내 협찬처가 나타나 직접 제작을 할 수 있게 되었다. 주간물이라서 그리 쉽지는 않았는데, 특히 현지에 직접 다녀와야 할 리포터를 섭외하는 일이 그러했다. 물론 당시로서는 해외여행이 매력일 수도 있었을 테지만, 어떻든 해오던 일들을 팽개치고 2주일여를 떠나야 한다는 것이 그리 쉽지는 않았을 것이다. 그래도 윤석화, 이현세, 양인자, 박중훈, 미스코리아 최연희 등이 그 여행을 함께 해주었다. 그러던 중, 아무래도 젊은 청년들이 넓은 세상을 경험하는 것이 좋겠다는 생각이 들어서 그런 대상자를 찾기 시작했다. 때마침 〈배낭 하나 달랑 매고〉라는 책을 냈던 젊은 여학생을 만났는데, 당시 홍익대에 재학 중이던 김정미였다. 그리고 그런 내 생각에 깊이 공감했던 그녀가 즉석에서 추천한 젊은이가 바로 손효원이었다. 당시 손효원은 군에서 전역한 뒤 복학 전에 새로운 경험을 쌓기 위해 이미 한 달째 여행 중이었다. 최소한의 적은 경비로 여행을 하고 있다는 그가 지금 어디에 있는지 전혀 모르면서 무조건 기다려야 하는 실정이었다. 당시에는 휴대전화가 있을 때도 아니라, 유일한 연락 방법은 딱 하나였다. 당시 손효원은 〈새소년〉이라는 어린이 잡지에 매월 여행기를 보내 주기로 되어 있었다. 원고를 보내고 나면 확인차 콜렉트 콜로 한 번씩 연락을 한다고 했다. 혹시 몰라 효원의 시골집까지 연락을 해놓고 기다리는데도 전혀 연락이 없었다. 일이 안 되려고 그랬는지 그 달 따라 매월 연락 오기로 정해진 날에도 깜깜 무소식이었다. 결국 마지막 방법으로 생각해 놓았던 방법을 쓰는 수밖에 없었다. 이미 한 차례 다녀오기는 했지만 다시 한번 김정미를 리포터로 보내기로 한 것이다. 그러던 중 공교롭게도 사전 답사를 위해 출국하기로 한 바로 전날에 연락이 왔다.

가난한 여행자인 터라 국제전화도 쉽게 할 수 없었고, 그나마 콜렉트 콜로 해야 하는데 그런 곳을 찾기도 어려웠다는 것이었다. 더구나 누군가가 목이 빠지도록 기다릴 거라고는 상상도 못했던 터라 당연히 그랬을 것이다. 어쨌든 다음 날 뉘른베르그에 도착하니까 그곳에서 만나기로 하고 전화를 끊었다. 다음 날 고성을 개조해서 만든 젊은 대학생 숙소인 한 게스트하우스에서 그와 만났다. 그는 이미 아시아 지역을 거쳐 유럽을 돌기 시작한 지 3개월

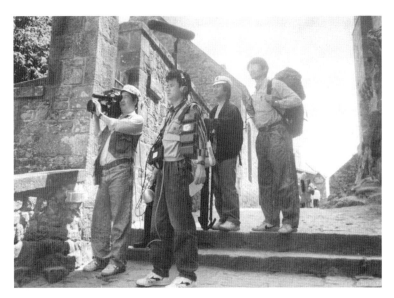
당시 무전여행으로 70개국을 여행 중이던 손효원

째라 새까만 모습으로 변해 있었다. 당시 총 여행 경비 300만 원으로 7개월 동안 세계 70개국을 돌고 오겠다는 당찬 목표로 떠났던 그야말로 해외여행 1세대 친구였다.

그날부터 효원은 1주일간 독일 지역을 답사하는 내 일정에 함께했다. 주로 기차 안에서 잠을 자며 이동하던 떠돌이 생활을 버리고 잠시나마 호사를 누렸던 셈이다. 무엇보다 그가 좋아했던 것은 그동안 경비 때문에 포기해야 했던 많은 것들을, 답사를 위해 필수적으로 거쳐야 하는 나와 함께하면서 비로소 직접 해볼 수 있었다는 것이다. 예컨대 일반적인 여행에서는 멀리서 배를 타거나 기차를 타고 가면서 볼 수밖에 없었던 로렐라이 언덕을, 우리는 촬영을 위해 미리 다니면서 샅샅이 점검해야 했다. 그와는 독일 지역 답사를 마치고 잠시 헤어졌다가, 프랑스 지역을 촬영할 때 김정미와 함께 잠시 합류해서 촬영에 참여했다.

다시 효원과 만난 것은 그가 7개월간의 해외여행을 마치고 돌아온 이듬해 3월 즈음이었는데, 그 여행에서 효원은 커다란 인생의 변환점을 맞게 된다. 우리 취재팀과 헤어진 후 이집트로 향했는데, 촬영 후유증이었는지 홈씨크 때문인지 심하게 앓았었다는 것이었다. 당시 어두운 밤에 뱃전에 서 있는데, 어디선가 귀에 익숙한 노랫소리가 들려와서 가까이 가 보니, 그 노래는 바로 〈돌아와요 부산항에〉였다. 노랫소리의 주인공은 당시 간호사로 해외 근무를 마치고 귀국하기 전, 여행을 떠났던 세 사람이었다. 그 이후의 이야기는 당사자들의 추억으로 남겨두기로 한다.

그 여행을 마친 후, 그는 당시 엄청나게 쏟아지기 시작한 대학생 해외여행의 스타 강사가 되어 모 여행사의 전무 직함을 달고 활동하기도 했다. 이어서 그의 꿈 중 하나였던 출판사를 만들어 대장정 여행사라 이름 짓고 20여 권의 여행 책자를 발간했으며, 이어서 제주도에서 여행사와 렌트카 사업까지 진출했다.

이런저런 사연들로 친형제처럼 인연을 이어오던 중, 또 한 번의 인연을 맺게 되는 일이 생기는데, 바로 〈지구촌 기행〉을 제작할 때였다. 그리스 지역을 중심으로 3편의 프로그램을 제작하면서 예전처럼 대학생 리포터를 활용해보기로 했던 것이다. 아직까지도 유사한 일을 해오고 있던 그가 심사숙고 끝에 김태경 그리고 이건택을 추천해주었다. 두 사람은 함께 군복무를 마치고 역시 복학을 앞두고 있던 학생들이었다. 그들도 학교에 돌아가기 전에 새

그리스 취재를 담당했던 배낭족 학생들

로운 경험을 하고 싶어서 여행을 떠나려던 참이었다. 여행의 목적
도 확실했고, 또 효원의 검증을 믿고 맡겨보기로 했다. 그런데 미
팅하고 얼마 후 효원으로부터 다시 연락이 왔다. 정말 괜찮은 친
구가 또 나타났는데 한번 만나보기만 하라는 것이었다. 그는 2학
년 김희진이었는데, 들어보니 여행 목적이 조금 달랐다. 장애인인
언니와 함께 본인도 모르게 소극적이 되어버린 성격을 바꿔보기
위해 여행을 떠나기로 했다는 것이었다. 결국 그리스 편은 3명이
함께했고, 내 생각으로는 그 어떤 팀들보다 건실하고 보람 있게 여
행을 마쳤던 것 같다.

　　여행이라는 경험 속에는 기본적으로 '만남'이라는 속성이 들어
있다. 좋은 만남이든 싫은 만남이든 이렇게 저렇게 맺어진 인연은
대부분 아름답게 기억된다. 우리는 항상 그런 만남을 기대하면서
오늘도 누군가를 기다리는 것이 아닐까?

핏줄은 못말려
홍 자매와 〈신세대 보고〉

〈신세대 보고 어른들은 몰라요〉라는 프로그램은 가장 절친한 후배인 장성환 피디가 기획해서 방송한 프로그램으로 그야말로 공전의 히트를 친 프로그램이다. 장 피디는 〈6시 내 고향〉과 〈지구촌 기행〉 등을 함께한 후배로, 훗날 〈사랑과 전쟁〉이라는 시츄에이션 드라마를 기획 제작했던 피디이기도 하다.

〈어른들은 몰라요〉(이하 '어몰라')는 청소년들의 진실한 모습을 실제 그대로, 가감 없이 보여준다는 취지에서 만들어진 프로그램으로 방송 당시부터 청소년들의 입에 자주 오르내렸다. 특히 청춘스타들의 산실이자 등용문으로 큰 역할을 했다. 이향희, 김지우, 홍진아 작가가 고정적으로 집필했고, 출연진들로는 최강희, 양동근, 안재모, 김수근, 최민용 등이 있었다. 당시 교양국에서 제작했던 드라마라서 청소년 프로그램 CP였던 나는 그냥 숟가락 한 개만 얹어놓은 상태였다.

이 프로그램은 흡연하는 청소년, 당구장을 드나드는 청소년, 콘돔을 사용하는 청소년 등 방송에서는 거의 금기시되고 있었던 소재들을 과감히 다뤄 청소년들로부터 '실제 우리의 이야기'라며 엄청난 지지를 받았다.

'어물라'는 처음부터 인턴 피디 제도를 도입했다. 매 주말이면 20여 명의 고등학교 학생들이 직접 참여해 피디, 작가 등과 함께 기획회의를 했다. 그러다 보니 현재 학생들의 주된 관심사가 무엇인지, 심지어 학생들이 사용하던 언어까지도 다 살릴 수 있었다. 그래서 그런 인기를 얻을 수 있었지 않았나 싶다. 그러던 중 담당 CP 자격으로 일본 NHK의 재팬 프라이즈라는 프로그램 페스티벌에 참가할 수 있는 기회를 얻게 되었다. 평소 관심이 있었던 분야라서 더욱 기대가 컸는데, 마침 '어물라'를 출품하게 되어 참가하게 된 것이었다. 이때 EBS도 함께 참가했었다.

참가국들이 출품한 다양한 작품들을 일주일 정도 모니터하고 토론하는 스케줄이 있었는데, '어물라' 팀도 약간 독한 아이템을 출품해서 심사위원들에게 강한 인상을 주기로 했었다. 그래서 준비했던 것은 학생 체벌을 주제로 제작했던 프로그램이었다. 당시까지는 체벌이 어느 정도 일반화되어 있던 상황이라서 큰 고민 없이 선정했었다. 우리 차례가 되어 시사에 들어갔는데, 처음부터 나온 화면이 교사가 학생을 체벌하는 장면이었다. 들리는 소리 또한 듣기에도 민망한 퍽퍽 소리였다. 아뿔싸! 심사위원들의 표정 또한 그야말로 각양각색이었다. 너무 야만스러워서 차마 보기 두

렵다는 표정들이 대부분이었다. 시사가 끝나고 이어진 강평에서 이야기된 주된 내용은 '한국에서는 아직도 그렇게 체벌을 하는가' 였다. 지금은 아니고 예전에는 그랬었다는 궁색한 변명으로 넘어 가긴 했지만 얼굴이 화끈거리는 것은 어쩔 수 없었다. 더 난처했 던 것은 바로 다음에 출품한 EBS의 프로그램 역시 학생 체벌이 주된 내용이었다. 바뀐 것이 있다면 우리는 고등학생이었고 EBS 것은 중학생이라는 차이 정도였다. 작품 선정도 그랬지만 새삼 우 리의 교육 현실을 다시 한번 돌아보게 만든 여러 가지로 씁쓸했던 기억이다.

또 한 가지 기억이 떠오른다. 어느 날 역시 '어몰라'를 제작하 고 있던 박찬홍 피디(그는 후일 드라마 피디로 전환한다)가 아는 후배 가 추천한 사람이 썼다며 원고 한 편을 건네주었다. 원고 제목은 〈하늘 위의 교실〉이었다. 작가가 되겠다며 원고를 들고 찾아오는 사람들이 간혹 있어서, 별로 눈여겨보지 않다가 시간이 난 김에 원고를 읽는데 솔직히 일종의 전율을 느꼈다. 더 이상 빼거나 넣 을 필요성을 전혀 느끼지 못할 정도로 정성이 묻어나는 문장들이 었다. 모래밭에서 보석을 찾아낸 느낌이랄까? 그 원고의 주인공 은 바로 홍자람 작가였다. 처음으로 대본을 써본 작가라는데, 알 고 보니 우리와 같은 팀에서 '어몰라'를 집필하고 있던 홍진아 작가 의 친동생이었다. 이들 자매는 훗날 〈베토벤 바이러스〉 등의 드라 마를 집필하면서 또 하나의 '홍 자매'로 이름을 얻게 된다. 피는 못 속인다는 말이 있는 것처럼 그들의 아버지 또한 장편소설 〈비극은 있다〉의 작가로 유명하신 홍성유 선생님이다.

당시 받았던 〈하늘 위의 교실〉이란 원고는 성적에 따라 대접이 달라지는 우열반의 현실을 적나라하게 그려낸 작품이었다. 성적표를 받는 날, 매 시간마다 매를 맞는 친구와 하교 후 분식집에서 나누는 대화는 이렇다.

"성적표를 받는 날은, 엄마한테 밥을 더 달라고 하는 것이 미안해."

냉방이 잘되는 교실에서 공부하는 우등생들과 달리 벌레가 날아다니는 보통 교실에서 공부하는 학생들에게 소란 피운다고 학생주임 교사가 혼내면서 하는 말이 이렇다.

"그저 공부 못하는 것들은 모조리 쓰레기통에 집어넣어버리던지 해야지…."

이 대사들은 당시 청소년 프로그램의 책임자로 있던 나에게 비수처럼 꼽혀 한동안 멍하게 만들었다.

이 작품은 박찬홍 피디에 의해 바로 촬영에 들어갔고, 당시의 교육 현실을 제대로 읽어낸 뛰어난 작품으로 평가받으며, 그해 방송의 날에 청소년 부문 우수작품상을 받았다.

〈신세대 보고 어른들은 몰라요〉는 3년 7개월을 방영한 후 1998년 폐지되었고, 이후 〈학교〉라는 프로그램으로 다시 태어났다. 이 프로그램 역시 당시 제작했던 김지우, 이향희, 권기경 작가가 대부분 참여했다.

칙폭회 50년의 인연
⟨TV동창회⟩

"저는 TV동창회 00 작가라고 하는데요."

어느 날 MBC의 작가로부터 섭외 전화를 받았다. 당시 한창 인기를 얻고 있던 ⟨TV동창회⟩란 프로그램이었다. 김승현, 손숙이 진행을 맡았고 같은 시기에 책상을 맞대고 함께 고등학교를 다녔던 고교 동창들이 한자리에 모여 당시를 기억하고 옛정을 나누는 회고 프로그램이었다.

프로그램은 사회 분위기에도 크나큰 영향을 받는다. 예컨대 사람을 찾는 프로그램도 그중 하나일 터인데, 우선 기억나는 것만도 ⟨TV는 사랑을 싣고⟩, ⟨보고 싶다 친구야⟩ 등이 그것들이다. 때마침 인터넷이 활성화되면서 어린 시절의 친구를 찾는 열풍이 이곳저곳에서 불어오고 있었다. 당시 유행했던 아이러브스쿨의 바람을 타고 나타난 현상 중의 하나였다. 하긴 무언가 어느 정도 이루었다고 생각되는 시점에 가장 먼저 떠오르는 것이 옛 친구가 아니던가. 그러니 방송에서도 관심을 갖지 않을 수 없었을 것이다. 〈TV동창회〉는 그런 사회 분위기를 타고 만들어진 프로그램이다. 어쨌든 당시만 해도, 상대 방송사의 프로그램에 출연한다는 것은 여간한 용기를 내지 않고서는 어려운 일이라서 일단 정중하게 거절을 했다.

당시 〈TV동창회〉는 소위 명문이라고 소문났던 학교들이 해당 지역이나 출신 학교의 자존심을 걸고 출연하던 프로그램이었다. 대부분의 출연자들은 이미 중년이 지난 사람들로 고교 시절 나름대로 험난한 입시 지옥을 뚫고 고등학교에 입학했던 자신만만한 사람들이었다. 다만 일반인들로만 프로그램을 제작할 수는 없어서, 학교를 대표할 수 있는 간판스타들이 많은 학교일수록 더 유리했다. 또한 한 번 출연한 학교는 다시 할 수도 없는 것이어서, 어느 해에 졸업한 학생들을 선정하느냐 하는 것도 중요했다. 일설에는 총동창회 차원에서 결정을 하는 일도 있었다고 하니 나름 그 경쟁도 심했었던 것 같다.

어쨌든 이런저런 절차를 거쳐서 섭외된 학교가 호남의 명문 전주고등학교였다. 그리고 1968년에 고등학교를 졸업한 동문들이 출연하게 되었다. 사실 피디인 내가 생각하기에도 여러 가지 점에서 한 번쯤 군침을 삼켜볼 만한 학교였다. 우선 그 지역을 대표하는 전통의 명문인데다 고교 평준화 직전에 마지막 입시를 치르고 입학한 학생들이었고, 무엇보다 당장 이름을 따먹을(?) 수 있는 출연자들이 많았다. 우선 정치인들로는 정동영 의원, 신경민 의원,

장세환 의원, 송하진 전라북도지사, 그리고 영화배우이자 문화부 장관을 지낸 김명곤, 아침편지로 유명한 고도원 등이 있다.

그 당시를 기억하자니 별로 유쾌한 기억은 아니지만, 학교 건물이 이틀 연속 불이 나는 바람에 소실된 일도 있었고, 그로 인해 전국적인 책걸상 보내기 운동이 벌어지기도 했다.

사전에 몇 사람을 통해 전해진 말로는, 당시 대부분의 명문 학교들이 대개 그랬듯이 공부만 했던 친구들인지라 입맛에 꼭 맞는 소재꺼리가 없어서 고민하던 차에 귀에 쏙 박히는 이야기를 들었다는 것이었다. 익산에서 전주까지 1시간씩 기차로 다녔던 기차 통학생들의 이야기를 취재했는데, 기차 통학이라고 하면 왠지 로맨틱하고 이야기꺼리가 많을 듯싶어서였던 것 같다. 더 깊이 파보면 무언가 달콤한 것들도 있을 법해 보였는데, 아니나 다를까 고교 졸업을 앞두고 또 하나의 지역 명문인 전주여고 통학생들과 연말 합동 미팅을 했다는 이야기가 발굴되었다. 그래서 더 깊이 알아보니 당시 핵심 주모자 중 한 명이 지금 방송국 피디로 있다는 것이고, 그래서 나에게 출연 섭외가 들어온 것이었다.

그랬다. 고교 평준화 직전의 마지막 입시 세대인 우리는 익산, 군산 등에서 중학교를 마치고 전북 지역의 명문인 전주고등학교로 진학했다. 그러다 보니 하숙을 하지 않는 경우에는 기차 통학을 할 수밖에 없었는데, 그 수는 대략 15명 정도였다. 기차에 가장 늦게 타지만 가장 안쪽까지 들어가고, 기차 안에서도 항상 책을 봤던 학생들. 그래서 그리 미움도 받지 않았고 훗날 우리 지역을 빛내줄 주인공들이라는 기대에 사랑을 받기도 했었던 우리들

40여 년 전 당시 까까머리의 기차 통학 시절

기차 통학생들의 낭만과 추억을 돌아본 추석 특집 〈흑뱀띠들의 어떤 귀향〉

이었다. 졸업을 앞둔 마지막 해, 크리스마스를 앞두었던 어느 날 우리들은 전주 익산 노선의 중간 지점인 삼례역에서 미팅을 했다. 마침 명관이의 집이 제과점이었고, 개방적이셨던 부모님이 허락을 해주셔서 장소는 그곳으로 정했었다. 우리와 마찬가지로 전주여 고 통학생들도 쑥맥들이라서 무슨 대단한 모임이었다기보다는 그냥 미래의 이야기를 나누고 촌스러운 놀이들 몇 가지로 시간을 보냈었다. 삼례역에서 마지막 기차를 타기 위해 모임을 마쳤을 때, 때마침 하얀 눈이 내렸던 것도 인상적이었다. 삼례에서 다음 역인 춘포까지 우리들은 첫눈 내리는 시골길을 함께 걸었고, 만남은 끝났다. 그게 전부였지만 그 기억은 그 후로도 오랫동안 우리들에게 남아 있는 아름답고 예쁜 추억이었다.

〈TV동창회〉 제작진은 그 당시의 여학생들과의 깜짝 만남도 기획했었던 것 같지만 시간에 쫓겨 실제 만남으로 이어지지는 않았다. 그해에 지역에서 입시를 치렀던 통학 동기들은 모두 대학에 합격했었지만, 서울로 지망했던 친구들은 공교롭게도 거의 대부분 실패하고 재수를 했다. 그들 중에는 의사가 3명, 교수가 4명이 있었고, 그 외에도 모두가 맡은 자리에서 자신의 역할들을 충실히 해왔다. 무엇보다 우리들의 만남은 그때와 마찬가지로 지금까지도 계속 이어지고 있다. 모임의 이름은 칙폭회. 당연히 우리들을 엮어주었던 기차 '칙칙폭폭'에서 이름을 딴 것이다.

결국 나는 당시 〈TV동창회〉에 출연하지는 못했지만, 2017년 겨울에 이 친구들과 더불어 다시 한번 TV와 인연을 맺게 된다. 당시 설을 앞두고 마땅한 기획이 없었던 후배로부터 연락이 왔는데, 마침 뱀의 해였고 당시 통학했던 동료들이 환갑을 맞았으니 함께 프로그램을 한번 해보자는 제안이었다. 그래서 대한민국 모든 기차 통학생들의 옛 추억을 되살려주는 프로그램을 만들었으니 그것이 바로 〈흑뱀띠들의 어떤 귀향〉이었다.

살아있는 동화

　지금까지 내 서가에서 가장 오래도록 사랑받고 있는 책이 두 권 있다. 이탈리아 작가인 아미치스 원작의 동화책 〈쿠오레〉, 그리고 이청준 작가의 창작집 〈별을 보여 드립니다〉이다. 대학 시절 문학에 대한 새로운 눈을 뜨게 해준 책이 이청준 작가의 책이었다면, 어릴 때부터 인간에 대한 애정과 소중한 가치를 가르쳐준 것은 〈쿠오레〉였다.

　이사를 다닐 때마다 가장 먼저 챙기던 것도 이 책들이었고, 심지어 새로운 회사를 처음 만들 당시 회사명을 '미디어 쿠오레'로 내걸기도 했을 정도다.

　'쿠오레'라는 말은 이탈리아어로 심장, 사랑하는 마음을 뜻한다고 한다. 한국어로는 '사랑의 학교'로 번역되어 출간되었던 동화책 안에는 이탈리아 사람들이 그들의 자녀들에게 수시로 들려주었던 감동적이고, 가슴 따뜻한 이야기들이 담겨 있다. 예컨대 롬바르디아의 소년병, 눈싸움, 난파선 등이 바로 그것이다. 이탈리아의 작은 초등학교를 중심으로 부모와 자식, 스승과 제자, 친구 사이, 국민의 국가에 대한 사랑 등을 엔리코라는 어린이와 그의 아버지를 중심으로 전개되는 일기 형식의 동화집이다.

피디가 된 이후로 갖게 된 소박한 꿈이 하나 있었다. 그것은 바로 어렸을 적부터 입시 지옥에 내몰려 동화를 잃어버린 우리 아이들에게 〈쿠오레〉 같은 동화를 다시 찾아주고 싶다는 것이었다. 좀 더 구체적으로 얘기하자면, 우리 어린이들에게 꼭 들려주고 싶은 아름답고 감동적인 이야기를 영상으로 만들어 전국의 유아원, 유치원에 무료로 보급한다는 계획이었다. 생각해보면 그리 큰 예산이 들어가는 것도 아니어서 한때 유행하던 재능 기부 차원에서라도 언젠가 꼭 실행해보리라는 마음을 갖고 살아오던 터였다. 그러던 차, 새로운 프로그램을 시작하게 되었다. 바로 〈인간가족 휘파람을 부세요〉였다. 매일 아침 신나게 휘파람을 불듯이 즐겁게 출근하고, 퇴근할 때도 신나는 기분으로 행복하게 퇴근하자는 의도에서 붙여진 이름으로, 2TV에서 매일 저녁 7시 50분에 방송되는 10분짜리 미니 휴먼 다큐 프로그램이었다.

결코 특이하지는 않지만, 매일을 나름 열심히 살아가는 우리 이웃들의 다양한 이야기들이 하루에 한 편씩 소개되었다. 동네 붕어빵 아저씨의 이야기도, 어린 소녀가장 자매의 이야기도, 결혼을 포기하고 어린 소년소녀의 엄마로 살아가는 처녀 이야기도 소개되었다. 황금시간대에 그것도 2TV에서 10분짜리 휴먼 다큐 프로그램을 방송하는 것이니 전혀 시선을 끌지 못할 것이라 예상했는데, 보기 좋게 빗나가며 그야말로 높은 시청률의 주인공이 되었던 프로그램이다. 성공 요인은 그 시간대가 기존 프로그램들이 끝나고 광고들이 함께 몰리는 시간대였고, 그 틈새를 이용한 전략이 효과를 톡톡 본 덕분이었다.

방송 100회를 앞두고 특집을 한 편 생각했다. 그것이 바로 항상 염두에 두고 있던 '살아있는 동화'였다. 당시 〈휘파람을 부세요〉의 원고를 맡고 있던 이미애 작가가 다음과 같은 글을 쓰고, 내레이션을 하던 이금희 아나운서가 직접 출연해서 짧은 브릿지 멘트를 했다.

남산에는 앞을 못 보는 맹인 부부가 살고 있었다. 그런데 매일 저녁 해질 무렵이 되면 이 부부는 집 밖의 외등을 가장 먼저 켜놓는다. 본인들은 앞을 볼 수 없지만 혹시라도 고갯길을 오르는 행인들이 넘어질 수 있겠다는 생각에 가장 먼저 불을 켜놓는 것이다.

이어서 '이사 가는 날'이라는 제목의 3분 내외의 촬영물이 방송되었다. 내용은 이렇다.

모든 이삿짐을 다 싣고 난 후, 마지막으로 깨끗하게 방 청소를 마친 안주인은 세면대에 새 비누 한 개와 수건 한 장을 남겨 놓는다. 그리고 안주인이 정성스레 써놓은 메모지에는 "새로이 이사 오실 분께 필요하실 수도 있다는 생각에 놓고 갑니다. 이 집에서 사시는 동안 행복하고 건강한 삶을 보내시기를 기원합니다."라고 쓰여 있었다.

이사 들어왔을 때 가장 필요한 것이 비누와 수건 아니던가. 짜장면 한 그릇을 먹더라도 가장 필요한 것들에 관한 감동적인 이야기였다.

어쨌든 이런 이야기 두 편을 모아서 방송한 것이 바로 〈살아 있는 동화〉였고, 이후로도 150회, 200회를 거치며 같은 이름으로 몇 차례 제작 방송되었다. 사실 내 욕심으로는 1~2분 내외의 이런 이야기들을 정규 프로그램으로 제작해서, 스팟 형식으로 하루에 2번씩, 1주일 내내 방송하고 싶었는데, 마땅히 실현할 방법을 찾지 못한 채 시간만 보내고 있었다.

이후로도 가끔 특강을 할 기회가 생겼을 때마다, 앞으로 꼭 해보고 싶은 프로그램을 묻는 후배들에게 이런 이야기를 했다. 우리 어린이들을 위해 누군가 꼭 이러한 프로그램들을 만들었으면 좋겠다는 것이 내 희망이라고 말하곤 했다. 그리고 정말 다행스럽게도 몇 년 후, 정말 좋은 프로그램이 생겨났으니 그 프로그램은 바로 〈TV동화 행복한 세상〉이다. 필요하다고 생각되는 것은 언젠가는 꼭 만들어지는 법인데, 그것은 프로그램도 마찬가지가 아닐까 싶다.

이제는 우리 어린이들이 〈쿠오레〉 대신 〈TV동화 행복한 세상〉을 보면서, 아름다운 세상, 행복한 세상을 꿈꿀 수 있다면 정말 좋겠다.

〈태양을 향해 쏴라!〉
그리고 '글러브'

회사로 출근하던 길에 MBC 라디오를 듣고 있었을 때다.

"아무래도 농아들이라면 야구를 하는 데 많은 장애가 있을 것 같은데요?"

"그런 경우가 많이 있습니다. 예를 들어 수비하는 입장에서는, 배트에 공이 맞았을 때 울리는 소리만 가지고도 공이 떨어지는 지점을 예측할 수 있는데, 그 소리를 전혀 듣지 못하기 때문에 공이 떨어지는 지점을 찾아내기가 결코 쉽지 않죠."

질문을 한 사람은 손석희 앵커였고, 대답한 사람은 국내 최초로 농아 야구단을 만든 조일연 교감 선생님이었다. 그 학교는 바로 충청북도 충주에 있는 성심농아학교였고, 수녀님이 교장으로 계셨던 천주교 계열 학교였다.

"그런데 왜 농아 야구단을 만들겠다는 생각을 하셨는지요?"

"나중에 우리 애들 중 한 명이라도 프로야구 구단에 들어갈 수 있다면, 수많은 장애우와 그 가족들에게 정말 큰 꿈과 희망을 줄 수도 있지 않을까 하는 생각에서 만들게 되었습니다."

그날 아침 출근하자마자 가장 믿을만한 피디를 불러서, 아침 방송에서 들은 내용을 이야기해주면서, 그 학생들의 이야기를 장기 다큐멘터리로 만들어보면 어떨지 상의했다. 이제 막 창단한 농아학교 야구단 이야기는 그렇게 시작되었다. 선천적으로 장애를 갖고 태어난 장애우들로 생활 형편도 넉넉치 못하고, 시설도 장비도 정말 형편이 없는, 변변한 신발 하나 완전한 글러브 하나 제대로 못 갖춘 그런 야구단의 첫걸음부터 우리는 화면에 담기 시작했다.

그때가 바로 2002년 9월이었다. 그들이 목표한 첫 번째 꿈은 오직 하나, 전국대회에 참가하는 것이었다. 소리를 못 듣는 그들의 피나는 노력과 눈물 나는 이야기들이 프로그램에 하나하나 담겨지기 시작했다. 덩치는 고등학생이지만 초등학교 야구부와 연습 경기를 해서 무참히 패하고, 동네 성인 야구단과 연습경기를 해서 역시 처절하게 패배했다. 이동할 때는 사용할 차량조차 없어서 어려움을 겪기도 했다.

프로그램을 위해서이기도 했지만, 그들을 위해 마침 안면이 있던 삼성에 어렵사리 부탁해 중형버스를 기증받았다. 기증식이 있던 날에는 삼성 라이온스 선수들과 미팅하는 자리도 마련해줬다.

지역대회에 참가할 때마다 당연히 예선 탈락에, 매번 콜드게임 패였다. 그러는 사이에 일 년여가 지났고, 지역 예선 없이도 참가할 수 있는 전국대회인 봉황대기가 열렸다. 경기가 있던 날에는

농아 야구단 학생들이 기념으로 제작해준 소형 야구 배트

충주성심학교 전교생이 서울 동대문운동장에 응원을 왔었다. 플래카드도 준비하고, 풍선도 준비하고, 응원용 딱딱이도 준비했다. 비가 무척 내렸던 날이라서 하루 연기가 되었고, 그다음 날 게임 역시 콜드게임으로 패했던 기억이 지금도 눈에 선하다.

그렇게 해서 만들어진 다큐멘터리는 장애인의 날 특집으로 편성되어 1TV에서 방송되었다. 2년쯤 지난 후, 그러니까 1학년이었던 학생이 3학년이 되었을 때 다시 한번 그들에 대한 프로그램을 제작하도록 했다. 첫 해에 만들었던 화면과 다시 일 년여를 보완 촬영해 제작했던 프로그램이 바로 〈청각장애인 야구단 4년간의 기록 − 태양을 향해 쏴라〉로, 2005년 12월 15일에 방송되었다. 그 첫해에 등장한 주인공들 중 누군가는 결국 포기하고 공장에 들어갔고, 한 명 정도는 사이버대학교 야구선수로 들어가기도 했다.

훗날, 이들 성심학교 야구단의 이야기를 바탕으로 만들어졌던 영화가 바로 강우석 감독의 〈글러브(Glove)〉였다. G자를 빼면 러브라는 의미가 담긴 영화였다.

이 프로그램의 글을 담당했던 오정요 작가는 프로그램 홍보문에 이렇게 썼다.

아이들은 이 세상에서 장애인이 '할 수 있는 일'보다는 '할 수 없는 일'이 더 많다는 걸 알고 있었다. 그런 아이들에게 어느 날 '야구'가 찾아왔다.

그것은 지금까지 알았던 세상과는 전혀 다른, 낯설고 생소한 세상이었다. 똑같은 야구복을 입고 일반 고등학교 선수들과 동등한 고교 야구팀이 되어 운동장에 설 수 있다는 것. 그것은 자신들도 세상의 아이들과 똑같아질 수 있다는 걸 스스로 확인하는 순간이었다. 그것은 정해진 장애인의 삶에서 비로소 벗어날 수도 있다는 희망이었다. 야구는 그렇게 아이들에게 지금까지는 가져보지 못한 새로운 꿈을 가져다줬다. 야구는 아이들이 세상에서 처음으로 가져본 꿈이었다.

(중략)

가장 특별한 스무 살 앞에 서 있는

특별한 아이들의 갈등과 고민,

세상 어떤 아이들보다 치열한 10대를 보냈고,

세상 어떤 아이들도 해내지 못한 고독한 싸움을 감당해냈으며,

세상 어떤 아이도 이루지 못한 가능성을

열어 보여준 아이들.

우리들은 그 아이들에게 작은 영웅이라는 헌사를 바친다.

이 프로그램은 그 작은 영웅들이 땀과 눈물로

써 내려간 처절하고도 눈부신 성장 보고서다.

그 영화 속에 등장한 투수 겸 4번 타자 장왕근, 우익수 박범채, 유격수 이종환, 그리고 종민이, 현진이 언젠가 그들을 다시 만날 수 있을까. 지금은 이름도 가물가물하지만, 마침 그들이 나에게 선물로 만들어준 장식용 소형 야구 배트가 지금도 내 책상에 자리하고 있어서 거기에 기록된 이름들을 확인해보았다. 떠나간 사람들은 다 그립고, 지나간 날들은 다 아름다운 법이다.

생사의 갈림길!

임사체험

〈백년가약〉이라는 프로그램이 있었다. 초창기 시절 《6시 내 고향》의 막내 피디였던 함형진 피디가 차장이 되어 그 프로그램을 맡고 있을 때였다. 교양국에서는 좀체 대형 기획물을 제작하기가 어려운데 모처럼 대형 기획물을 섭외해왔다. 전국에 있는 100개의 마을에 필요한 시설물들(!)을 삼성의 협찬으로 제작해주는 프로젝트였다. 마을회관이든, 노인정이든, 어린이 도서관이든 내 고향 우리 지역의 마을을 위해 필요한 시설을 무료로 제작해준다는 취지였으며, 프로젝트 이름은 '백년가약'이었다.

말이 쉽지 그게 보통 어려운 일인가? 어쨌든 해당 지자체 또는 마을에서 부지를 제공했고, 삼성에서 매주 5,000만 원, 총 50억을 협찬했다. 100개의 마을에 필요 시설을 제공하는 이 프로젝트는 착실하게 꼼꼼히 진행되었고, 전국 각지의 작은 마을들에 큰 기여를 했던 대형 프로젝트였다.

당시 나는 교양국 주간이라서 중간에 간혹 공사현장을 찾아가거나 준공식 때 제작팀을 격려하기 위해 참석할 때가 있었다. 전남 완도군 보길도에 민박용 건축물을 만들고 나서 그 지역 어르신들과 함께 자리를 했는데, 입사 초기의 기억들이 떠올랐다.

입사 초기 신입사원으로 지역 발령을 받아 내려갔던 곳이 바로 광주였다. 원래 신입사원이라는 존재는 대학도 마치고, 병역의무도 끝마친 후라 이제 본격적인 사회인의 길로 들어서는 그런 시기이다. 당시만 해도 그런 자리에 절대로 빠질 수 없는 것이 바로 술이었다. 태생이 술 못 마시는 바보(!)로 태어난 나에게는 그런 자리가 여간 고역이 아닐 수 없었다. 게다가 피디라는 직업은 필요한 자리에서는 꼭 한 몫씩 해야 하는 사람들이 아니던가. 어쨌든 입사 초기뿐만 아니라 그 후로도 술은 나에게 정말 쥐약이었다. 오죽하면 술자리에서 화장실을 핑계 삼아 나오면서 항상 했던 기도가 "하느님, 제가 술만 잘 마실 수 있게 해주신다면… 저는 정말 좋은 피디가 될 수 있겠습니다."라고 하는 하소연이었을까.

물론 어느 정도 나이가 든 후에는 이런 상황이 '세상에 노력해서 안 되는 것은 별로 없다'라는 자조감 섞인 말로 바뀔 정도로 주량이 늘기도 했다.

봄볕이 정말 따사롭게 비치던 어느 휴일에 시외버스로 완도를 찾았던 적이 있었다. 당시만 해도 교통 상황이 그리 좋지는 않았던지라 나름 어렵사리 찾아갔던 길이었다. 특별히 아는 사람이 그곳에 살고 있는 것도 아니었고, 그곳을 특별히 추천한 것도 아니었다. 그냥 불현듯 무엇엔가 이끌려서 갔던 듯하다. 옆에는 역시 나처럼 완도가 초행인 당시에는 별로 친하지 않았던 동행이 있었다.

그때 찾아간 곳이 바로 완도군 완도읍 정자리였다. 지금 기억하기에도 바다 쪽으로 면한 곳에 소나무 숲이 있었고, 반질반질한 검은색 조약돌들이 그리 넓지 않은 해변을 덮고 있었다. 그 풍취에 반했는지, 아니면 봄바람에 이끌렸는지 술 못 마시는 바보가 소주 한 병과 마른 오징어 한 마리를 호기롭게 사들고 갔었다. 그리고 바닷가에 앉아 그냥 한두 잔 마셨다. 참고로, 나는 술도 바보였지만 수영 또한 맥주병이었다. 어렸을 적, 또래 아이들과 동네 하천에 몰려다니다가 어머니께 호되게 매질당한 것이 한두 번이 아니었고, 그러느라 결국 못 배운 것이 바로 수영이었다. 그런데 무슨 바람이 불었는지, 그 못하는 술과 못하는 수영이 함께 일을 벌이고 말았다.

사람이 죽으려면 그런 낌새를 보이는 것일까. 술김이었는지 자연스레 요의를 느꼈고, 함께 있던 동행을 배려해 그곳이 보이지 않는 쪽으로 돌아가서 소변을 보려고 했다. 그런데 바로 그 순간, 물속에 비치는 바닷가의 돌들이 너무도 아름답게 보이는 것이었다. 더구나 바닷속은 너무나도 깨끗한 남해 바다로 속이 환하게 다 드러나 보였다. 마치 손을 내밀면 바닷물 속에 잠긴 돌들을 바로 집어올 수 있을 것처럼 보였다. 바로 그때, 누군가 나에게 유혹의 손짓을 한 것일까? 무언가에 홀린 듯이 바지를 벗고, 신발도 벗고, 팬티만 입은 채로 바닷물 속으로 뛰어들었다. 한쪽 발을 속이 드러나 보이는 물속으로 집어넣었고, 남은 한쪽 발마저 훤히 보이는 바위 위에 디딘 순간 그대로 물속에 빠지고 말았다.

나중에 알고 보니, 그곳은 수심이 2미터도 넘는 곳이었다. 눈에 보이던 그곳은 바닷물과 경계를 이루고 있는 곳으로 한쪽 디딤발이 무너지면서 중심을 잃고 그대로 물속으로 빠져든 것이었다. 그 후로는 그야말로 영화에서나 보던, 물속에 빠진 채 어푸어푸 하면서 물 위를 오르락내리락하는 장면으로 이어졌다. 당시 당황하던 내 눈앞에 보인 것은 오로지 푸른 바닷물과 아주 가까운 곳에서 보이던 돌출된 작은 바위섬뿐이었다. 그나마 눈앞에 보이던 바위에 자란 물풀을 손으로 잡으려고 몸부림을 치고 있을 때 어느 순간 힘이 빠졌다. 그때 문득 물에 빠졌을 때 오르락내리락하다가 세 번째로 물속에 빠지면 다시는 올라오지 못하고 죽는다는 이야기가 떠올랐다. 정말로 세 번째 물속에 빠질 때, 그 짧은 순간에 '아. 이번이 마지막인데 이렇게 죽는구나'라는 생각이 들었다. 그리고 거짓말처럼 지금까지 지나온 시간들이 마치 필름처럼 눈앞에 수십 장 스쳐갔다. 마지막이라고 생각되는 시간을 기억하다가 '그때가 참 좋았던 시절이었는데…'라는 생각을 하자 눈물이 핑 돌았다. 그 이후로는 정신을 잃었고 오로지 다른 사람의 증언으로 기억할 수밖에 없다.

당시 함께 동행했던 그 친구의 말을 들어보니, 소변을 보러 간 사람이 소식이 없어 고개를 들어 살펴보니 바닷물 속에서 손이 오르락내리락 하고 있는 게 보여서, "사람 살려~"라는 소리를 질러댔다는 것이었다. 다행스럽게도 멀지 않은 바다에 미역을 채취하고 있던 작은 배가 있었고, 그 배가 나를 구조한 후 인공호흡까지 시켜서 살려 놓았던 것이다.

물 위에 비친 달을 잡으러 뛰어든 이태백도 아니고, 불과 석 잔 술에 취해서 시뻘건 백주 대낮에 벌어졌던 일이니 정말 귀신에 홀리지 않고서야 일어날 수 없는 일이었다. 구조해 주었던 마을 사람들에게 물어보니 그곳에서는 해마다 두세 명씩 그렇게 익사 사고가 일어난다고 했다. 그곳은 바로 전라남도 완도군 완도읍 정자리다.

완도군은 그런 개인적인 사연이 있어서 더 기억에 오래 남아 있는 곳이다. 마침 초대받아 오신 어르신들이 있어서 당시를 기억해 볼 수 있었다. 눈치 빠른 사람은 벌써 알아차렸겠지만 그때 그곳에 함께 동행했고, 또 소리를 질러 나를 구했던 사람이 지금의 아내이다.

📽 필모그래피

KBS 재직 시 제작 프로그램

근무지	년도	프로그램명			
KBS	80	누가 누가 잘하나			
	83	달려라 중계차			
		유리 겔러 쇼	특집		
	84	영 스튜디오		신설	
		주니어 여름캠프	특집		
	85	멋있게		신설	
		생방송 오늘			
	86	아침의 광장		신설	
		당신의 우리말 실력은		신설	
	87	사랑방 중계			
	89	즐거운 세계여행			
	90	주간기획 월화수목		신설	
		지구촌 기행		신설	
	91	6시 내 고향		신설	
		5부작– 한국의 10대	특집		
	93	인간가족 휘파람을 부세요		신설	
	94	행복이 가득한집		신설	
	95	이것이 인생이다		신설	
		3부작–사랑을 위한 변주곡	특집		
	96	다큐멘터리극장		신설	
		3대의 생각 당신의 가족은	특집		
		녹색보고 나의 살던 고향은		신설	
	97	앙케트 쇼 97 신세대의 선택	특집		
	98	TV내무반 신고합니다		신설	
		백만인의 선택		신설	
		책방나들이 자녀와 함께	특집		
		접속! 신세대		신설	
		비디오 편지 왔습니다	파일럿		
	99	도전! 골든벨		신설	
		TV만남 추억의 교실	파일럿		
		전격출동 도시대탐험		신설	
		오순도순 조손퀴즈	특집		
		강력추천 고교챔프		신설	

	00	TV캠프 우리누리		신설	
		생존퀴즈 예측불허	파일럿		
KBS	02	TV 정보센터		신설	
		사람이 아름다워		신설	
		올해에는 단	특집		
		대단한 가족		신설	
	05	러브 인 아시아		신설	
	06	걸어서 세계 속으로		신설	

KBS 퇴사 후 제작 프로그램

근무지	년도	프로그램명	제작사	
팬 엔터테인먼트	07	언제나 청춘	KBS	
		이미지 랭크쇼 스타본색	MBC에브리원	
		휴먼다큐 사미인곡	KBS	
		좋은나라 운동본부	KBS	
	08	천하제일 속담왕	KBS	
		6시 내 고향	KBS	
		퀴즈의 제왕	OBS	
		오빠가 왔다	KBS조이	
	09	황금물고기	원주방송	
		사진 한 장 속의 세계	OBS외	
		세계테마기행	EBS	
		박재동의 사랑 스케치	SBS	
	10	스토커	MBC드라마넷	
		프로열전	EBS	
		드림스 컴 트루	스카이HD	
		블라인드 데이트	스카이HD	
		가문의 내력	MBC드라마넷	
		최고의 요리비결	EBS	
	11	민족문화 상징 100	아리랑TV	
		직업의 세계 1인자	EBS	
		토요 모닝와이드	SBS	
		나는 전설이다	OBS	
		다섯 남자의 맛있는 파티	채널A	
	12	위대한 밥상	채널A	
		세상보기 시시각각	MBC	
		생방송 월화수목	MBC	

	12	한국 재발견	KBS	
		이영돈 피디 논리로 풀다	채널A	
		젠더 토크쇼 XY그녀	KBS조이	
		남남북녀 로맨스	KBS	
		다함께 차차차	KBS	
(주) 미디어 쿠오레	13	IT 오딧세이	스카이HD	
		나는 초짜다	jtbc	
		여고식당	KBS-N	
		그때 그 사람	채널A	
		대한민국 행복 발전소	KBS	
		당신이 바꾸는 세상	KBS	
		흑뱀띠들의 어떤 귀향	KBS	
		긴급출동 24시	KBS	
		봄여름가을겨울의 이야기 숲	엠넷	
		KBS 파노라마 은퇴	KBS	
	14	말에게 말을 걸다	KBS	
		대한민국 창업 프로젝트	KBS	
		글로벌 CEO 초청특강	KBS	
		두근두근 로맨스 30일	KBS	
		좋은나라 운동본부	KBS	
(주) 미디어 리버		손미나의 여행의 기술	스카이HD	
	15	시니어 토크쇼 황금연못	KBS	
		우리말 한판	KBS	
		이야기쇼 끌림	KBS	
	16	2016 금연전쟁	KBS	
	18	여유만만	KBS	
	19	무한리필 샐러드	KBS	
	20	굿모닝 대한민국 라이브	KBS	

방송이라는 따뜻한 그릇을 만나게 되면서,

존경하는 선후배님들, 그리고 여러분들과 더불어

사랑이라는 이름으로 가득가득 채워가면서

진실한 행복을 느꼈던 시간들이었습니다.

피디라는 이름으로 평생을 살아왔습니다.

그래서 행복했습니다.

다시 태어난다 해도 아마 피디를 할 것입니다.

오늘, 이 시간까지도 저는 행복합니다.

따뜻한 TV
행복한 PD

1판 1쇄 인쇄 2022년 12월 10일
1판 1쇄 발행 2022년 12월 19일

지은이 강성철

펴낸이 최준석
펴낸곳 한스컨텐츠
주소 경기도 고양시 일산서구 강선로 49, 404호
전화 031-927-9279 팩스 02-2179-8103
출판신고번호 제2019-000060호 신고일자 2019년 4월 15일

ISBN 979-11-91250-10-7 03070